EL ORATORIO, LA MISA Y EL POEMA MÍSTICO

EL ORATORIO, LA MISA Y EL POEMA MÍSTICO

La Música en el Tiempo

Dr. Adalberto García de Mendoza
Director del Conservatorio Nacional de Música de México

1943

Editora: Elsa Taylor
Fotografías del Interior: Gigi Taylor

Número de Control de la Biblioteca del Congreso de EE. UU.:		2013907821
ISBN:	Tapa Dura	978-1-4633-5560-9
	Tapa Blanda	978-1-4633-5562-3
	Libro Electrónico	978-1-4633-5561-6

Este libro fue impreso en los Estados Unidos de América.

Fecha de revisión: 07/05/2013

Para realizar pedidos de este libro, contacte con:
Palibrio
1663 Liberty Drive
Suite 200
Bloomington, IN 47403
Gratis desde EE. UU. al 877.407.5847
Gratis desde México al 01.800.288.2243
Gratis desde España al 900.866.949
Desde otro país al +1.812.671.9757
Fax: 01.812.355.1576
ventas@palibrio.com
464968

ÍNDICE

EL ORATORIO

EL DRAMA EN EL DOMINIO DE LO SUBJETIVO

EL POEMA MISTICO
EN EL TEATRO Y EN ELPOEMA SINFONICO

INTRODUCCIÓN

Serie de conferencias transmitidas por la Estación
"Radio Universidad" en el año 1943.

Iniciamos estas pláticas, no como un curso de Historia de la Música, pues para ello existen manuales de mucha estima, sino con el propósito de tratar los asuntos más valiosos en la evolución de la Música, aquellos momentos iniciales o cumbres de nuestro sentimiento artístico musical y aquellas aportaciones que para la cultura integral se requieren en nuestro ambiente universitario. Es también nuestro propósito señalar la íntima ralación que existe entre la cultura y la música, problema bastante descuidado hasta la fecha; así como hacer la búsqueda de las categorías o conceptos fundamentales que pueden darse en el campo de la belleza musical. Por ello será más bien una serie de monografías, dedicada cada una de ellas a estos momentos estelares para llegar a comprender los nuevos intentos en el arte de los sonidos, tales como el atonalismo y el politonalismo, las transformaciones armónicas y contrapuntísticas así como las soluciones rítmicas de la música actual.

Primavera en Kyoto, Japón

LA MÚSICA EN EL TIEMPO

EL CANTO GREGORIANO
LOS IDEALES DE LA EDAD MEDIA
EXPRESIÓN MÍSTICA DE LA MELODÍA

LA MÚSICA Y EL TIEMPO

LA MISA, EL ORATORIO Y EL POEMA MISTICO

Iniciamos estas pláticas, no como un curso de Historia de la Música, pues para ello existen manuales de mucha estima, sino con el propósito de tratar los asuntos más valiosos en la evolución de la Música, aquellos momentos iniciales o cumbres de nuestro sentimiento artístico musical y aquellas aportaciones que para la cultura integral se requieren en nuestro ambiente universitario.

Es también nuestro propósito señalar la íntima relación que existe entre la cultura y la música, problema bastante descuidado hasta la fecha; así como hacer la búsqueda de las categorías o conceptos fundamentales que pueden darse en el campo de la belleza musical. Por ello será más bien una serie de monografías, dedicada cada una de ellas a estos momentos estelares para llegar a comprender los nuevos intentos en el arte de los sonidos, tales como el atonalismo y el politonalismo, las transformaciones armónicas y contrapuntísticas así como las soluciones rítmicas de la música actual.

Empezaremos el estudio por uno de los períodos más interesantes, para toda la cultura y especialmente para la evolución musical: el Canto Ansélmico o Gregoriano y Llano, de la Edad Media. Siempre hemos estimado que de aquí parte toda nuestra cultura musical y que a falta de conocimientos en este campo da lugar a desastrosas interpretaciones y apreciaciones, ya no digamos de la obra de Schoenberg o de Stravinsky, sino aún de las obras clásicas de Paestrina o Bach.

El Canto Gregoriano es la simiente de la música actual, pues en él se encuentran cinco de las cinco formas fundamentales que se han desarrollado hasta el presente en el arte de la música. Estas son: la frase aislada, el lied o canción, la suite, el rondó y la variación. Y decir esto, es recordar toda la época clásica y aún la moderna en que las motivaciones han variado pero sobre las estructuras ya citadas.

Claro está que la Fuga y la Sonata no se las encuentra en el Canto Gregoriano. La Fuga corresponde a la forma ternaria en que se incluye ya el más amplio conocimiento del contrapunto y de la armonía, con un plan de realización unitario; así como la Sonata, siguiendo el mismo sistema ternario ya nos conduce por el empleo de dos tonalidades que se oponen y de uno o dos temas que sirven de motivos de caracterización.

La música ha seguido una evolución de gran trascendencia. Para Bertrand se ofrece en este proceso el desarrollo mejor para manifestar en un principio la existencia, más tarde la acción y por último la conciencia. La existencia es vida, la acción es vida y además finalidad; la conciencia es la comprensión de este proceso para resolver la dubitación que el hombre se forja al amparo de la meditación filosófica.

Bertrand supone que las formas musicales han llevado este proceso y ve la existencia manifestándose en el principio unitario, en aquella ley que establece una sola voz, una sola melodía como en el caso de la música Oriental o del Canto Gregoriano. Es propiamente la primera manifestación de la vida, que sigue un derrotero perfectamente definido y eminentemente creador. Síguele a esta manifestación en la forma musical, aquella que se refiere a la acción. Aquí es el principio binario como resultado de la noción de contraste y de oposición. Corresponde a una observación atenta de la vida y de la naturaleza en su diferenciación primordial. Y por último aparece la forma que requiere la conciencia bajo el principio ternario en donde se busca el equilibrio y la simetría; no es solamente la observación de la vida, sino además la conciencia de la misma; no es únicamente la acción, sino el fin de la misma, la perfecta cuenta de un propósito y de una realización ajustada a este principio teleológico. Estos tres peldaños de la existencia, de la acción y de la conciencia, perfectamente se ajustan a toda la estructura musical a través de los siglos.

Ya dijimos que la existencia tiene para el Canto Llano tan bello esplendor en toda la Edad Media; el principio binario o de la acción aparece al comienzo del arte clásico, en la suite que se basa, no sobre la imitación de un tema único, sino sobre la oposición de dos temas de carácter y de tonalidades diferentes. Por último, la conciencia aparece en una forma magnífica que requiere la exposición de los motivos, llega al desenvolvimiento transitorio en que se combinan con el poder de la belleza armónica y termina en un retorno a la exposición, de manera más vigorosa y en virtud de las leyes de la simetría y del equilibrio. Esta forma ternaria la encontramos en el señalamiento de los diversos períodos del discurso, tal como lo señalaran los grandes estéticos de la oratoria, por ejemplo Cicerón; y aún podríamos mencionar la naturaleza de la columna clásica en su forma ternaria realizando uno de los cánones de mayor belleza que hasta la fecha se ha podido dar.

La forma ternaria se aplica a la Fuga y a la Sonata, formas que hasta la fecha han alcanzado considerable altura pero que aún no están agotadas en su múltiple riqueza y en su perfecta estructura.

Como es natural empezaremos con el problema de la existencia, es decir del Canto Llano. Esa manifestación que está en todo organismo viviente, se basa en el principio de la imitación y corresponde a lo que Frobenius ha llamado el paideuma infantil. Es el Canto Gregoriano como el inicio de una aurora en el sentimiento de la belleza musical. Nada lleva mayor deleite al espíritu que estas bellas melodías y estos espléndidos ritmos que tienen la tranquilidad y a la vez la fuerza anímica, la paz de la conciencia en un desenvolverse airosa y virtual. D'Indy ha analizado los embriones que en el Canto Llano se encuentran de las estructuras musicales empleadas en el Occidente, desde el Renacimiento hasta nuestros días. Ha encontrado que la frase aislada se presenta en las bellísimas Antífonas, la forma de Lied en los Aleluyas; la Suite en los Introitos, tan bellos como el Domingo VI después del Pentecostés y la estructura del Rondó en los Responsorios como aquél bellísimo del Sábado Santo que se inspira en la frase: Jerusalén ha surgido de las tinieblas. Meditaciones de un provecho enorme para comprender la música y sobre todo para sentirla, dominar la técnica y descubrir la esencia de la expresión musical.

De esta manera iniciaremos nuestras pláticas con ilustraciones suficientemente amplias sobre los ideales de la Edad Media y la expresión mística de la melodía. La naturaleza del Canto Llano que hizo surgir la catedral romántica y gótica, decorar los vitrales con los colores más exquisitos y dar motivo a las epopeyas cristianas en las diestras plumas de San Agustín, Kempis y Dante.

Al terminar esta primera serie nos internaremos en pleno Renacimiento especialmente en los madrigales y operas de Monteverdi, al que justamente se le considera como el creador de la armonía moderna; en esta forma podemos tratar la Cantata y el Oratorio, expresión barroca de la música religiosa; La Fuga y la Sonata y especialmente el Cuarteto de cuerda, formas las más nobles y equilibradas; el Poema Sinfónico con sus bases en la literatura y en la filosofía; el Lied o Canción del Hogar, exclamación romántica del espíritu; el atonalismo y politonalismo aconteceres magníficos de nuestro momento cultural. Entonces hablaremos de esencias musicales en el Gran Oratorio "El Mesías" de Händel; de la Fuga con la mano maestra de Juan Sebastián Bach para descifrarnos el gótico de las Catedrales Medioevas; de la Sonata que marca la vida llena de dolor y alegría de Beethoven; la canción que hace brotar la espontánea frase de Schubert o la atormentada de Schumann; el poema musical que tiene el dramatismo más hondo en "Muerte y Transfiguración" de Ricardo Strauss, o la línea impresionista y vigorosa de un Ravel; y de las obras pulidas por Stravinski y Béla Bartók, Schöenberg y Milhaud que dejan en nuestra sensibilidad ese anhelo a un futuro de nuevas sonoridades y de los más ricos y variados ritmos.

Conocer las Sonatas de Beethoven es ahondar el espíritu del genio de Bonn; y por ello dedicaremos un análisis a tan magnífica obra; descubrir las bellezas de la obra musical de Mauricio Ravel es encontrar el sentido del arte impresionista y expresionista en que desde el Greco hasta la Goya, Monet, Renoir, Picasso y Gauguin, ha sabido vivir una nueva comprensión de la existencia; investigar la armonía de Schöenberg es también comprender la razón de muchos hallazgos sonoros y de multitud de sorpresas inigualadas.

Campos inmensos donde la vida encuentra su razón de ser, la felicidad se hace tangible y el alma se remonta a las regiones en las que Platón pudo haber encontrado el amor uránico.

Pabellón Plateado, Kyoto

LA MISA

SU ESOTERISMO EN LA FRASE MUSICAL

LA MISA GREGORIANA

LOS IDEALES DE LA EDAD ME DIA Y LA EXPRESION MISTICA DE LA MELODIA

ESPÍRITU DE LA EDAD MEDIA Y EL CANTO LLANO

El sentimiento artístico va a descubrirnos un mundo nuevo de sensibilidades con la aparición de la Edad Media. El mundo antiguo del clásico Platón, del elocuente Cicerón, va a desplazarse para dejar el lugar a una sensibilidad nueva que surge de las catacumbas y entona sus mejores cantos en las iglesias y en las catedrales, en las oraciones y en las filosofías de la Edad Media.

Arranque ideológico, génesis de una mentalidad nueva que viene a fructificar los campos ávidos, hasta entonces, de la conciencia humana en un profundo sentimiento de nuevas virtudes y voluntades. Arranca este nuevo comienzo de la humanidad de la doctrina mesiánica que a través de los siglos diera los mejores frutos como la simiente de la mostaza en la magnífica parábola de Getsemaní.

Sorprende como este nuevo mundo de la lectura desplaza la fuerte y noble de los clásicos, no por el poder de la mente, sino por la fuerza del sentimiento primitivo en que se encuentra la existencia cuando, angustiada, afirma su propia realidad. Pero aún más sorprende como las tribus que venían del Norte, tremendamente crueles pero dotadas de una gran vitalidad llegan al antiguo imperio para darle nueva savia que había de favorecer el sentimiento no conceptual sino intuitivo de la nueva creencia, desplazando el pensamiento firme, lineal, categórico y definitivo de los clásicos.

Jamás la Historia del Occidente ha tenido un cambio de tal naturaleza, en que la fuerza de la bondad y el poder del infinito pudieran incrustarse en la conciencia humana para hacer de esta, una robusta encina de donde brotaran los mejores frutos y las más óptimas semillas.

Vemos allá en los lejanos tiempos al Emperador Constantino que amando aún a la cultura romana, no precisa con claridad su sentimiento ante esta metamorfosis. A Juliano, el emperador apóstata que, reclinándose en la filosofía Neoplatónica sostiene febrilmente el amor a la Hélade en los símbolos de Hesíodo y Homero. Y así también contemplamos como el siglo IV ya no tiene, ciertamente, la creencia absoluta de sus antiguos dioses y leyes, pero sí se ha sumergido en una época transitoria de superstición y de azar.

Para lograr el surgimiento de la nueva cultura, se repudia a Platón en las cartas de San Jerónimo; se va contra los académicos en la prosa profunda de San Agustín y se cree encontrar en Pitágoras brotes de nueva savia por estimar que su doctrina se halla amparada en la profética palabra de Isaías.

El mundo romano cae y en la disputa por la estatua de la libertad que permaneciera en el Senado se ve palpable la firmeza de una cultura tradicional, pero a la vez el despunte de una nueva vida que quiere romper la tierra para dar su fruto. En esta disputa Símaco representa al mundo antiguo. Se oye todavía en él la voz candente de Cicerón.

En cambio San Ambrosio levanta el himno de los pobres de riquezas y ricos de gracia. Tal parece que oímos las oraciones de Joseph de Arimathea y las blasfemias de Filón que en el sanedrín discuten la esencia de dos pensares diferentes y que magistralmente sabe esculpir en el verso de la Mesíada el insigne poeta alemán: Klopstock.

Nace en la mente de este mundo nuevo la Patrística que no obstante recuerda a las fuentes clásicas pero que le alientan las fuerzas de un mundo nuevo de sensibilidad. El campo social está envuelto en tormenta y desazón hasta llegar a la época en que Teodosio marcha desde Constantinopla sobre la Italia, es el héroe de la victoria de Aquilea y con esta hazaña se descubre definitivamente el nuevo mundo. Así también la invasión despiadada de los germánicos hace mella en la cultura tradicional y nadie olvida la magnífica obra que despierta en África a través de San Agustín para entonar himnos a la nueva religión y a la nueva concepción de la vida y del cosmos.

El arte también sufre estas influencias y de esta manera siente la tranquilidad del clásico pero también la visión pintoresca de los Nórdicos. Sabe adunar la palabra amorosa y piadosa del cristianismo, pero recoge también la vitalidad de los bárbaros para descubrir a la conciencia en su más prístina naturaleza y tener la intuición del infinito y de la trascendencia.

La catedral gótica tiene esas dos raíces, en ellas se encuentra la oración cristiana y la voluntad nórdica; el amor a los hombres y la aspiración a un mundo de voluntad sin límites. Y la música habrá de seguir el mismo derrotero para llegar a la frase con todo un aliento de amor fraternal, y más tarde a la combinación de voces como un suspiro para alcanzar mundos inaccesibles para la mente humana.

No fue en vano que desde el siglo III hasta el IX el unísono tuviera todo su esplendor. La sola voz bastó para llegar al espíritu, a la más simplista religiosidad y a la vez poseer el contenido más profundo y el sentimiento más convincente. Ya a fines del siglo III se introduce en la liturgia cristiana el himno apartándose de la salmodia de origen judaico; es propiamente la primera innovación que el Canto Llano se practica, pues en lugar de ser el Recitativo sin ritmo y sin melodía; viene a aparecer la melodía rítmica profundamente religiosa en el vasto imperio de la fe cristiana.

San Ambrosio, a fines del siglo IX emplea los modos griegos: Dórico, Lideo, Mixolideo y Frigeo, en género diatónico que, posteriormente se llamarán Modos Auténticos. La limitación de semitonos da severidad a la frase y el rechazo del cromatismo hace que la palabra y la oración sean sentidas como la verdad escueta, la plegaria desnuda de todo ropaje; y ambas profundamente llenas de sinceridad y arrobamiento.

Bizancio aparece también con su influencia en esta primera parte del canto religioso del Occidente, lleva un sentido nuevo que más tarde trataremos de aclarar.

Al realizarse la recopilación de San Gregorio Magno a fines del siglo VI y establecerse la célebre Schola Cantorum, que aún acerca más el Canto Gregoriano a su propia cuna, se establece en definitiva la naturaleza del canto litúrgico y las formas melódicas del mismo.

El Canto Llano Recitativo llega al género adornado, o lo que es lo mismo, a cortas vocalizaciones en una sola sílaba; así como al melismático con vocalizaciones múltiples. El diálogo aparece en el Responsorio en que alternan el sacerdote y el pueblo y desde este momento nace el sentimiento de mayor expresión religiosa.

Al Canto Llano se le ha analizado sin emoción por la mayoría de nuestros doctrinarios y de ahí que sólo se encuentre en los Modos Auténticos y en los Plagales añadidos por San Gregorio Magno, una sencilla remembranza de la antigua civilización griega. Se hace notar falsamente que el ritmo de este canto es la simple alternancia de notas largas y breves, sin la idea de proporción precisa, e inconmensurablemente menos rico que el de la música griega; aún más, se llega a sostener por estéticos reputados que la melodía del Canto Gregoriano es menos rica que la de la Grecia de la cual deriva directamente, pues al excluir el cromatismo y la enarmonía se ha perdido la belleza de un desarrollo más rico de expresión. Y esto se debe ha que no se ha profundizado suficientemente el espíritu de la Edad Media y aún más la naturaleza numínica que adquiere su mayor esplendor en la doctrina cristiana. La severidad y la profundidad no se obtienen por la complicación, sino por la sencillez de la línea melódica que solo hemos podido encontrar en la música Oriental y en el Canto Gregoriano.

Los mejores intelectos del Occidente como Clemente de Alejandría y mucho tiempo atrás Aristóteles, nos hablan de la música en forma elogiosa. San Agustín con breves indicaciones, pero con una aportación formidable de nuevo aliento a esta rama de las Bellas Artes y los escolásticos, la colocaran en el lugar preferente del Quadrivium adornando a la Astronomía, a la Aritmética y a la Geometría. Pero aún más, su poder simbólico lo encontraremos en la proporción de la catedral gótica y en la estatuaria y en la pintura de este enorme y profundo período de la Historia.

Al hablar de Clemente de Alejandría mencionaremos al más profundo forjador de la cultura helénica: Aristóteles, pero comparando las palabras de tan eminentes pensadores se descubre inmediatamente dos mundos distintos de sensibilidad musical, que corresponden a la vez a dos mundividencias. Para Clemente no necesitamos más que un instrumento: la palabra de paz, y nada de trompetas, salterios, timbales y flautas de los que se preparan para la guerra. Es la palabra del creyente. En cambio para Aristóteles la música será uno de los medios de la Paideía o enseñanza para conquistar la convivencia social, el Areté o virtud griega y el equilibrio de todas las formas de la cultura en la ciudad ateniense. Es la voz del encauzador de la Polis en el más profundo sentido de la sociedad humana.

Mundos distintos en que la Filosofía siente el significado de la Música para llevar a la región de los sentimientos la voz de su convicción y de su más profunda certeza. Solo a fines de la Edad Media, allá por el siglo X aparece la polifonía como un nuevo intento a que nos hemos de referir en pláticas posteriores. Este cambio que se inicia en el siglo IX es de tanta trascendencia que sólo él puede explicar el sentido del barroco, pérdida definitiva de una vivencia solo captada por la sensibilidad greco-latina.

Es el arte románico el que habrá de acompañar al Canto Llano en la más íntima comunión pero a la vez serán las palabras de San Agustín las que sintieron mejor el sentido de esta nueva melodía al señalarnos universos de emociones, como jamás pensador alguno ha podido realizar. Los pensamientos: "Ama y haz lo que quieras". "No salgas fuera de ti". "Vívete". "En el interior del hombre existe la verdad". "Si quieres encontrar a la divinidad refúgiate en tu ser"; no son otra cosa que la expresión del Canto Llano cuando nos está hablando con toda esa dignidad que posee y lo captamos y lo intuimos con el placer y la espiritualidad que merece.

SENTIDO DE LAS CULTURAS

Relacionemos el arte romántico y el gótico con el espíritu que anima el Canto Llano y para ello hagamos unas reflexiones acerca de la transformación que después de la época greco-romana sufrió el Mundo Occidental cuando tres espíritus forjaban el alma de Europa; el uno tenía por origen el pensamiento de Sócrates y la poesía de Virgilio; el otro era el sentimiento de la colectividad que dominaba en los Eddas y en la mitología de los Nibelungos; y el último era el poder piadoso de la fe cristiana. Tres influencias que llevaban, la una, la belleza del alma y de la forma; la otra, la vitalidad de una sangre frenética y una voluntad trascendente y la última, la paz a la conciencia y la dádiva absoluta en instantes de caridad.

Vemos como los Godos captaban el arte, el pensamiento, la emoción de los latinos y llevaban a la región de su propia conciencia un contenido para transformarlo con su propio espíritu. Esta fuerza de la Hélade y del Lacio se impone en cada instante a este espíritu nórdico para darle el equilibrio que tuvo un Praxíteles y la energía que nació de las frases Ciceroniana. Pero también es la voz del cristianismo que sabe hablar a la conciencia de los pueblos nórdicos para restablecer el dominio del espíritu en la faz de la tierra.

Pero a pesar de toda esta influencia, los pueblos bárbaros hacen valer su arte que está inspirado en un poder vitalista y en un anhelo de infinito. Su estilo barroco es la expresión clara de su propia naturaleza. En realidad lo clásico corresponde a la cultura helénico-romana; lo barroco a la cultura de las tribus del norte. Lo clásico tiene la serenidad que notamos en un Platón y aún en un San Agustín; lo barroco es la aspiración al infinito, el sentimiento de profundidad que se descubre en las catedrales góticas de artífices ignotos y que se remontan a los dominios del misterio y de la fantasía.

El Partenón con la proporción clásica de la belleza, el Panteón de Roma o los Arcos de Tito o de Benevento, con el recuerdo de una concepción cósmica y el poder del imperio; la vida latente en la escultura de Praxíteles o llena de dolor en la estatuaria de Scopas o los altos relieves de la columna de Trajano poseedores del dramatismo guerrero o las deliciosas pinturas murales de Pompeya con el sentimiento de la más exquisita elegancia; han de contraponerse a la severa sala del Palacio de Hereogar, rey de los Scyldings en Dinamarca, a las filigranas del dibujo en pergaminos que recubrieran los libros o a las ilustraciones en las páginas de los magníficos evangeliarios, a la exquisita orfebrería teutónica de pendientes, broches o cruces; o Carolingia de los relicarios, o gótica de las catedrales. Diversas culturas con sentimientos de limitación o de infinitud, de fábula misteriosa o de idea clara y diáfana; fueron sin embargo el receptáculo que aromara el incienso de la cruz con significación de trascendencia en el norte y de inmanencia en el sur.

El arte y la filosofía invaden ambas regiones y especialmente los hombres del norte las convierten en senderos de su propia sangre, en fuentes de su natural inspiración. Lo propio pasa con la religión y con la ciencia.

La ciencia, por ejemplo la matemática, de enorme equilibrio en la mente de Euclides se transforma con violencia a través de la mentalidad árabe que tiene un espíritu idealista y pasa al Norte para desenvolverse en las más complicadas formas barrocas del pensamiento a través de los cálculos de la trascendencia.

El arte en todas sus manifestaciones sigue este mismo derrotero, del clásico Homero se llega al barroco de las leyendas del Rhin, de la serenidad o fatalidad que se notan en Teócrito o en Esquilo; se pasa a la conciencia dolorosa en las mitologías germánicas o al espíritu de concentración faústica.

El Canto Llano aparece en Italia, es la expresión serena y a la vez llena de religiosidad que el pueblo levanta al descubrimiento de su más íntima religiosidad. Pero el Canto Llano hace el mismo recorrido hacia el norte y entonces ya no puede tener la serenidad que San Ambrosio le descubriera; sino que entona su voz en armonía con el ventanal gótico y se vuelve barroco para atraer a sí el sonido armonioso del órgano.

No es la voz escueta de los monjes de espíritu latino, sino el ambiente que trae una aspiración al infinito embriagado de una vitalidad sorprendente. Claro que el Canto Llano no podrá detenerse aquí y con auxilio de la polifonía tendrá que llegar a la Cantata y al Oratorio que en su forma barroca y aún racionalista señala el horizonte de nuevos sentimientos en la conciencia hacia la divinidad.

Ciertamente, para comprender el espíritu de la música y las grandes transformaciones de sus motivos y de sus expresiones, es necesario descubrir esa naturaleza múltiple de la Europa que Burckhardt supo encontrar en la época del Renacimiento; y que otros estéticos de semejante talla han estado profundizando en diferentes lugares, en diversas razas y en la mezcla y combinación de sus propias culturas. Pocas veces se ha hecho esta síntesis que solo es dable a espíritus como el de Paul Valéry que al hablarnos sobre la crisis del espíritu nos da el panorama más sugerente que hemos encontrado.

"¿Qué es, pues, esta Europa? Se pregunta a sí mismo y contesta: es una especie de cabo del Viejo Continente, un apéndice occidental del Asia. Mira naturalmente hacia el oeste. Al sur, bordea un mar ilustre cuyo papel, debería decir cuya función, ha sido maravillosamente eficaz en la elaboración de ese espíritu europeo que nos ocupa. Todos los pueblos que vivieron junto a sus orillas se han embebido en él; han cambiado entre sí mercaderías y golpes; han fundado puertos y colonias donde no solamente los objetos del comercio, sino también las creencias, los idiomas, las costumbres, las adquisiciones técnicas, eran los elementos del tráfico. Aún antes de que la Europa actual hubiera tomado el aspecto que le conocemos, el Mediterráneo, en su cuenca oriental, había visto establecerse una especie de pre-Europa. El Egipto, la Fenicia, fueron como prefiguraciones de la civilización que nosotros hemos fijado; vinieron luego los griegos, los romanos, los árabes, las poblaciones ibéricas.

En torno de esa agua deslumbradora y cargada de sal creemos ver la muchedumbre de los dioses y de los hombres más imponentes de este mundo: Horus, Isis, Osiris; Astarté y los Cabiras; Palas, Poseidón, Minerva, Neptuno, y sus semejantes, reinan en concurrencia sobre este mar que remeció los extraños pensamientos de san Pablo, como meció los ensueños y los cálculos de Bonaparte...."

"Pero sobre sus orillas, donde ya tantos pueblos se habían mezclado y chocado, e instruido recíprocamente, vinieron aún en el curso de las edades otros pueblos, atraídos hacia el esplendor del cielo por la belleza y por la intensidad particular de la vida bajo el sol. Los celtas, los eslavos, los pueblos germánicos, han experimentado el encantamiento del más noble de los mares; una especie de tropismo invencible, al ejercerse durante siglos, ha hecho así, de este estanque de formas admirables el objeto del deseo universal y el lugar de la mayor actividad humana. Actividad económica, actividad intelectual, actividad política, actividad religiosa, actividad artística, todo acontece o, por lo menos, todo parece nacer en torno del mar interior. Ahí es donde se asiste a los fenómenos precursores de la formación de Europa y donde se ve dibujarse en cierta época la división de la humanidad en dos grupos cada vez más desemejantes: el uno, que ocupa la mayor parte del globo, permanece como inmóvil en sus costumbres, en sus conocimientos, en su potencia práctica; no progresa ya, o sólo progresa imperceptiblemente. El otro está entregado a la inquietud y a la investigación perpetua. Los cambios se multiplican, los problemas más variados se agitan en su seno, los medios de vivir, de saber, de engrandecerse, se acumulan de siglo en siglo con rapidez extraordinaria. Pronto la diferencia de saber positivo y de potencia, entre él y el resto del mundo, se hace tan grande, que acarrea una ruptura de equilibrio. Europa se precipita fuera de sí misma; parte a la conquista de tierras. La civilización renueva las invasiones primitivas, cuyo movimiento invierte. Europa, sobre su propio suelo, alcanza el máximo de la vida, de la fecundidad intelectual, de la riqueza y de la ambición".

"Esta Europa triunfante que nació del intercambio de toda suerte de cosas espirituales y materiales, de la cooperación voluntaria e involuntaria de las razas, de la concurrencia de las religiones, de los sistemas, de los intereses, sobre un territorio muy limitado, se muestra tan animada como un mercado adonde se traen, se compran, se discuten y cambian de mano múltiples cosas buenas y preciosas.

Es una Bolsa donde las doctrinas, las ideas, los descubrimientos, los dogmas más diversos se movilizan, se cotizan, suben, bajan, son objetos de críticas más despiadadas y de los entusiasmos más ciegos. Pronto los aportes más lejanos llegan en abundancia a este mercado. Por una parte las tierras nuevas de América, de Oceanía o de África. Por otra parte, los conocimientos, las filosofías, las religiones de la Antigua Asia, vienen a aclimatarse en los espíritus siempre despiertos que Europa produce en cada generación".

"Nuestra Europa, que comienza por ser un mercado mediterráneo, se convierte así en una vasta fábrica; fábrica en sentido propio, máquina de transformaciones, pero también fábrica intelectual incomparable. Recibe de todas las partes las cosas del espíritu; los distribuye a sus innumerables órganos. Unos captan todo lo que es novedad, con esperanza, con avidez, exageran su valor; otros resisten, oponen a la invasión de las novedades el brillo y la solides de las riquezas ya constituidas. Entre la adquisición y la conservación debe establecerse sin cesar un equilibrio móvil, pero un sentido crítico cada vez más activo ataca una u otra tendencia, hace trabajar sin piedad las ideas en posesión y en auge; somete a prueba y discute sin piedad las tendencias de esa regulación siempre lograda":

Tales conceptos, como los de Castelar, Donoso Cortés, Ureta y otros tantos intelectos; vienen siendo el preámbulo de una investigación que dé la clave para entender el sentido clásico de la cultura greco-romana, así como el barroco de la gótica. Y entonces se comprenderá aún más, la diferenciación de la filosofía de San Agustín y la de Kant o Husserl; el arte pictórico de Rafael o de Ruyadel, la línea melódica de Monteverdi y de Juan Sebastián Bach; en general el sentido otao a que los orientales han dedicado sendas meditaciones.

NATURALEZA DEL CANTO FIRME

El canto Gregoriano es como debe ser toda música en que interviene la voz humana: la melodía se adapta a las palabras; la expresión de la frase musical va en armónica concordia con el sentido del texto. Qué distancia tan enorme existe entre esta música y la que se adorna con palabras que en muchas ocasiones ni siquiera corresponden al sentimiento de la frase musical.

Indudablemente que el Canto Gregoriano es más bello en las primeras épocas, sus melodías son frescas y lozanas; y a medida que llegamos a los fines de la Edad Media, por los siglos XI, XII, XIII y XIV, va perdiendo la lozanía. En las primeras épocas la melodía de carácter primitivo posee la mayor belleza de expresión, es sencilla como la oración ingenua, es profunda como la pasión en su origen, es robusta y fuerte como el pedimento lleno de fe.

No hablaremos con detalle de la modalidad del Canto Gregoriano, pero sí haremos notar que la nota sensible ha quedado excluida en forma casi definitiva, pues salvo en rarísimos casos se la emplea y siempre que la melodía se mueva en forma conjunta. Cada modo tiene su expresión propia y esto nos recuerda al viejo Oriente, tan lleno de enseñanzas en el arte, en la religión y en la filosofía. El Modo Gregoriano en Re, tanto el auténtico como el plagal, que corresponde en la primera forma al dórico y en la segunda al hiperdórico de los griegos, es grave y nos conduce a la contemplación; es propiamente la expresión de una fase espiritual y de una serenidad beatífica. Oyéndola como en el antifonal "montes Gelboe" en los himnos "Virgo Dei Genitirz" y "O Quam Glorifica"; en el introito "Da Pacen y Kyrie X"; así como en los Responsorios "Descendit"; queda uno extasiado por la tranquilidad que nos aporta y por el sentido de paz a que nos conduce.

Un ejemplo de un Ofertorio cuya melodía está en segundo modo. Llamase Ad te levavi. Meditabor. La melodía gira alrededor de la dominante que se repite con insistencia. No entrega el sentimiento de mayor confianza y firmeza. En el segundo Ofertorio hay aún más meditación y la paz espiritual renace de manera sorprendente.

El tercero y cuarto modos, en Mi, corresponde al Frigeo e Hipofrigeo griegos son propiamente los modos del éxtasis y a veces se le llaman místicos. Se les encuentra, por ejemplo, en el responsorio "Ecce Quomoddo", en el himno "Urbs Jerusalén".

Otro ejemplo que aunque da una impresión de música actual sin embargo es de lo más antiguo. Nos referimos a la primera de las aleluyas para la Ascensión llamada Ascendit Deus, y Assumpta est, y escrita en el cuarto modo.

Los quinto y sexto modos de Fa, que corresponden al Lídeo e Hipolídeo griegos, son vigorosos, algunas veces alegres, otras devotos en una concentración de plenitud y nos recuerdan el sentimiento del modo mayor que en nuestra música se encuentra. En estos modos se han escrito las mejores Aleluyas, Sanctus y Agnus Dei. Oiremos un ejemplo de Sanctus y Agnus Dei, cuya línea es de una belleza extraordinaria por su flexibilidad y la riqueza de su ritmo.

Por último el séptimo y octavo modo, en Sol, que corresponden al Mixolideo e Hipomixolideo, son propiamente los modos llanos de confianza, de fe, de alegría, de frenético éxito como se les encuentra en los Graduales "Qui Sedes y Dirigatur", así como en Responsorios, Introitos y Ofertorios.

Como ejemplo presentamos el Gradual Qui Sedes cuya línea melódica es flexible y a la vez sutil. "Después del impulso inicial, la melodía toma una bella curva sonora y se entrelaza suplicante alrededor de las palabras et veni". Nos dice Gajard. Y así también "La primera frase del Dirigatur asciende progresivamente al acento del incensum, y en su frenética expresión crea un verdadero cuadro tonal del incienso que asciende en espiral" el mismo fraile nos dice.

En toda la Edad Media fueron tomados en este espíritu los Modos: el primero grave, el segundo triste, el tercero airado y místico, el cuarto harmonioso y suave, el quinto alegre, el sexto devoto, el séptimo angélico y el último lleno de calma y moderación como corresponde a espíritus sabios y reposados.

Aún oímos los hexámetros del monje Adán de Fulda:
Omnibus est primus: secundus est tristibus apius;
Tertius iratus; quartus dicitur fieri blandus;
Quintum da laetis; sextum pietate probatis:
Septimus est juvenum: sed postremus sapientum.

Pero si cabe pensar hondamente sobre el significado estético de estos modos, ya en su forma auténtica o en su estructura plagal, es de enorme significación el estudio del Ritmo gregoriano que es absolutamente libre.

Es de hacer notar la significación de libre, pues muchas veces la libertad se la identifica con la arbitrariedad. La más firme libertad es aquella que se ajusta a un ordenamiento superior, obedece a las leyes que están de acuerdo con la naturaleza del hombre; es, en una palabra, la que armoniza el espíritu con el sentimiento de dignidad y respeto. Esta es la libertad a que debe aspirarse no sólo en el arte sino en todas las manifestaciones del Derecho, de la Moral, de la Religión; aun cuando ha sido el arte del Canto Llano el que ha podido llegar a este dominio con plena conciencia y absoluta virtualidad. En realidad el ritmo del Canto Gregoriano debe ser el ejemplo constante de ese elemento subjetivo y espiritual que en muchas ocasiones se ha perdido a través de la música posterior.

El benedictino Gajard señala en su preciosa obra sobre Canto Gregoriano ésta característica, así como el magnífico tratadista Mocquereau en su libro "Le Nombre Musical Gregorien" hace notar que esta libertad está en carecer de tiempos fuertes, es decir de esa costumbre de la música posterior de señalar siempre tiempos fuertes y tiempos débiles que más afirma la medida que el ritmo, más el movimiento mecánico que el desarrollo vital. La libertad del ritmo consiste también en no sujetarse al compás que isócronamente se lleva y que sólo sirve para destruir la inspiración del compositor y del intérprete. En buena hora se ignora el compás y se deja a la frase con la fluidez de un espíritu que no tiene más preocupación que entonar su canto y elevar su plegaria.

Este ritmo confirma el sentimiento musical más justo y más perfecto. No se puede disfrutar de él cuando no hay sentido musical. Es como la libertad que sólo es patrimonio de las almas consientes y de los espíritus suficientemente fuertes. Los compositores y los intérpretes deben ir a ese campo de libertad en el ritmo, para aprender el sentido de la frase y la profunda vivencia del ritmo. Y entonces sabrán tener el ímpetu que se encuentra en la acsis, ese reposo que se le descubre en la tesis y que forma el ritmo fraseológico: El aliento vital, la flexibilidad y a la vez la firmeza, el palpitar de la naturaleza y del espíritu cuando se alienta una nueva esperanza o cuando se reposa en una fe absoluta. Es propiamente ese movimiento que, como las olas del océano hace que se alternen unos instantes y otros impulsados por una fuerza mayor, de tal manera que si en los acsis se destaca con delicadeza el acento, entonces la línea melódica se vuelve aterciopelada y tórnase expresiva y convincente.

En muchas ocasiones se ha creído que debe empezarse una frase con el golpe rudo del arco o el impulso frenético de la mano o de la voz. Qué error tan grande. Es en este ataque, en donde se descubre al auténtico artista, pues este acento no es más que el impulso espiritual que la melodía debe poseer y que en su desarrollo puede mostrar dulzura, firmeza, osadía y terror. Así también artistas como Beethoven han tenido oportunidad de señalar en muchas ocasiones estos bellos comienzos que poseen la cualidad de pianísimos, y sin embargo se oyen con más intensidad las notas fuertes con que termina la frase anterior.

En la melodía gregoriana y en el ritmo de éste canto, nada tiene que ver el ritmo con la intensidad; es la subjetividad de la frase, es la emoción del aliento, es la confianza que impregna la iniciación de una nueva plegaria o de un nuevo propósito. Es el Génesis que supo aprehender magistralmente Haydn en su inmortal Oratorio sobre la creación del mundo. En esta frase melódica del Canto Gregoriano, hay siempre puntos luminosos que aparecen en el cielo con la luz que le proporciona el cintilaje bello y sereno para encauzar al espíritu en la vía del arrobamiento y de la contemplación.

En nuestra estética musical hacemos mención a la íntima liga que existe entre el ritmo, especialmente Gregoriano y la concepción filosófica.

EXPRESIÓN DEL CANTO LLANO

Con qué emoción el fraile Gajard nos describe las melodías más exquisitas del Canto Gregoriano. Al mencionarnos los Graduales del séptimo Modo “Qui Sedes” y “Dirigatur”, nos dice textualmente:

“La línea melódica de Qui Sedes es libre y sutil. Después del impulso inicial, la melodía toma una bella curva sonora y se entrelaza suplicante alrededor de las palabras et veni. La primera frase del Dirigatur asciende progresivamente al acento del incensum y en su frenética expresión crea un verdadero cuadro tonal del incienso que asciende en espirales”.

A estas expresiones los técnicos y los mecánicos de la música les llaman frases poéticas e insustanciales, y sin embargo los verdaderos músicos saben recrearse con la melodía y con el ritmo siguiendo el sentimiento que expresa la frase anterior. "Después del impulso inicial, la melodía toma una bella curva sonora", qué expresión tan profundamente religiosa y musical; y "se entrelaza suplicante alrededor de las palabras et veni", qué intuición de esencias. "Se crea un verdadero cuadro tonal del incienso que asciende en espirales"; y en realidad el sentimiento del Gradual confirma la naturaleza íntima de tan bella expresión.

Con mucha razón los orientales saben darles a sus motivos, de lejanísima tradición, a sus ritmos y aún a sus notas, el sentido viviente de un estado espiritual.

Con justa razón los benedictinos entonaban el himno: Laeti bibamus sobriam ebrietatem spiritus. Bebamos alegremente la embriaguez sobria del espíritu.

Para apreciar esta bella música os invito a hacer un viaje largo. Buscaremos el refugio en donde, como joyas, se la conserva con un cuidado y esmero jamás igualado. Es allá en la Abadía de San Pedro de Solesmes, en un monasterio de la Francia del dolor y de la liberación. Los muros de esta mansión de la beatitud están mohosos y cuentan siglos ya de existencia. Fue construida esta abadía allá por la centuria oncena, en el tiempo en que la Escolástica iluminaba las mentes de los hombres para discurrir sobre las demostraciones de la existencia de Dios y se dividían los filósofos en partidos diferentes al tratar de encontrar la naturaleza de los Universales.

El convenio fue fundado por Geoffrey, señor de Sablé. Tiene aún la apariencia de un viejo castillo y su fachada todavía se refleja en las tranquilas aguas. De su coro se esparcen las voces llenas de entusiasmo para hacer eco en los alrededores selváticos del monasterio. Los benedictinos se dirigen todos los días, a las primeras horas del alba, al coro para levantar el himno de la tradición, cantar la aleluya por la creación del Universo, entonar el Gradual para la paz del espíritu, el éxtasis en la comunión y la más ferviente palabra en la línea melódica del Ofertorio. El interior del coro es todo blanco, sus columnas semejan esbeltas palmeras que enlazando sus ramas forman la techumbre, y la luz penetra por los vitrales que tienen el encantamiento de los colores y las formas escuálidas de los santos.

Se nos relatará en aquel lugar que la orden fue fundada en el año de 1010, suprimida en 1791y que en el año de 1831 el Priorato fue puesto a la venta. Con entusiasmo marcado en la mirada se nos dirá que a principios del siglo XIX, el Papa Gregorio VI elevó el monasterio a la clase abadía, dejándola al cuidado del abad Geranger, hombre de vasta cultura. Más tarde los Dominicos Jansious y Pothier se encargaron de coleccionar los mejores Cantos Gregorianos, hasta llegar al Abad Mocquereau, el musicógrafo que ha sabido darnos en la paleografía musical la forma correcta de los cantos litúrgicos. Antes de la guerra actual el Abad Gajard conducía al coro con singular maestría.

La Schola de Solesmes ha sabido dedicar ha sabido dedicar todo su empeño y entusiasmo a conservar la pureza del Canto Gregoriano yendo a las fuentes más antiguas, hurgando en pergaminos, descifrando neumas, aprovechando las descripciones de filósofos y humanistas. A la fecha puede contarse con un acerbo considerable y de esta manera guardarse esta música de las manos impías y de las mentes sin corazón. En realidad este canto se conservará para todos los siglos de la cultura occidental y desgraciadamente no correrán la misma suerte las filigranas góticas, los vitrales bizantinos, los estupendos lienzos de las pinturas murales, las torres esbeltas y todos esos trozos del alma medioeval que constituyen las catedrales y las iglesias románicas y góticas; ya que cada día caen desechas por la metralla que destruye no solo vidas humanas, sino espíritus encarnados en las piedras esculpidas y en los lienzos bañados de colores y claros obscuros.

En el momento en que permanecemos en el coro de la Abadía, veremos cómo los monjes van agrupándose y sin acompañamiento de ninguna especie, solos, con la plegaria que su voz puede entonar y bajo la diestra dirección de su director, entonarán las más frecuentes melodías para conducirnos, por breves instantes, a la emoción de esas épocas de los Castillos y de los Monasterios, de la oración en la frase profunda de San Agustín, de la descripción del Mesías en la palabra sencilla y escueta de Kempis o de la imaginación tormentosa de Dante Alighieri.

De este modo se entonará el Jubilate Deo, no sin antes explicarnos el director el contenido del mismo. Es un bello ejemplo del primer modo, la melodía se eleva como una serie de olas que van a estrellarse contra las rocas de una escarpada costa. Es la poderosa proclamación del poder y de la gloria de Dios, enseguida se oirá el llamamiento solemne, Venite et Audite, para cantar a la faz del mundo la belleza de la creación. Por último, la melodía descenderá correspondiendo a un profundo gesto de humildad y gratitud.

El Allelulia Justus germinabit, corresponde también al primer modo auténtico. La melodía lleva el júbilo en su expresión más espontánea, el ritmo, acentúa anímicamente el valor de la tónica. "La melodía se desenvuelve con maravillosa complacencia y llena de vida sobre las palabras Germinabit y florebit, y parece sugerir un cuadro tonal del desarrollo y florecimiento de la virtud en el alma de un justo", nos dice el director.

Sabemos que la melodía del aleluya está colocada entre la Epístola y el Evangelio de la misa y que sigue al Gradual. Es una aportación de la música Oriental religiosa y fue traída al canto Gregoriano por el Papa Dámaso a fines del siglo IV. Es un canto jubiloso del cual se siguen la secuencia que tienen modelos Bizantinos y que fueron las formas de mayor belleza en el siglo XII.

En los cantos dedicados a la Comunión: "Christus factus est" y "Hoc corpus" el director nos indica: Christus factus est, una de las piezas más célebres de la liturgia de la semana santa, maravillosamente adaptada al texto, por el contraste entre la humillación de la muerte en la Cruz, y la exaltación triunfal de la Cruz, es la condición y la razón. La Comunión Hoc corpus, es un ejemplo característico del 8º. modo (tónica, Sol) con su insistencia en Si y Fa en relación a la tónica. Es una meditación muy tranquila y grave, como una ola de sentimientos en la palabra, "quotiescumque".

Sabemos que la Comunión es de estilo antifonal y pertenece a la misa como elemento fundamental desde los primeros tiempos.

Para terminar la Elegía: "Montes Gelbow" y aún la composición más antigua "Custodi me" son ejemplo de himnos. La primera corresponde a la Elegía de David en la muerte de Saúl y Joram. El director nos explica: "Esta obra, un poco posterior, posee un dramatismo casi desconocido a la edad de oro. El alma sensible de David, su angustia y dolor, surge con una intensidad de sentimiento que solamente la firmeza de la modalidad gregoriana mantiene dentro de sus confines. Custodi me, como Montes Gelboe, es en el primer modo, pero una composición un poco más antigua. Es la queja de Cristo a la proximidad de la Pasión. Con ternura suplicante, la segunda frase revolotea insistentemente sobre el Fa, y llega a un rápido final-como una modulación de paz-sobre el Re último".

El himno tuvo un papel importantísimo al lado de las Salmodias. En el siglo IV llamaron la atención los himnos del Sirio Ephrem y fueron implantados definitivamente en la música occidental por Hilario de Poitiers a fines del siglo citado y en la época de San Ambrosio tuvieron una preferencia especial. San Agustín, Paulino, Prudencio, San Bernardo, San Isidro, el venerable Beda y otros escritores formularon himnos en abundancia que fueron recogidos amorosamente por el Canto Llano.

LA FILOSOFÍA Y EL CANTO GREGORIANO

Existe una relación íntima entre el pensamiento de los filósofos de la Edad Media y especialmente de la Patrística y el canto religioso. Nada ilustra más, para comprender y profundizar el Canto Llano que la meditación seria y ordenada sobre algunas obras de Clemente de Alejandría a principios del siglo III, de San Ambrosio a mediados del siglo IV y de San Agustín en la centuria V. son los precursores del canto religioso que supieron encausarlo dentro de las liturgias más severas. Nada ilustrará más nuestro estudio que leer algunas frases de Clemente de Alejandría de una de sus más bellas obras: el Pedagogo. Este insigne escritor nos dejó tres magníficos trabajos: el Protréptico, el Pedagogo y los Stromata. Especialmente en la segunda se dan consejos para realizar una vida cristiana. Y dentro de esta práctica se incluye el oír la música para la elevación espiritual.

Es así como nos dice:

"Que se permita al oboe, a los pastores y la flauta a los hombres supersticiosos que dan culto a los ídolos. Estos instrumentos deben ser desterrados de un festín sobrio: conviene mejor a los animales que al hombre, y solamente a los hombres más salvajes. Sabemos que las corazas se domestican al son del oboe y que los cazadores las impelen hacia sus trampas cantando; que se toca además la flauta para excitar a las yeguas; los mismos músicos dan el nombre de hippothoros a esta melodía. Es preciso absolutamente evitar los espectáculos y las conversaciones indignas de un hombre libre; todo esto no es sino una intemperancia vergonzosa que halaga los ojos y los oídos y corrompe a los que se dedican a ella".

Al referirse a cierta música que lleva daño al espíritu nos dice Clemente de Alejandría en la misma obra:

"Los venenos variados de las canciones demasiado blandas y de los ritmos sollozantes de la musa de Cario, corrompen las costumbres excitando las pasiones con una música sin comedimiento ni arte".

De esta manera aconseja el empleo de instrumentos para los diversos instantes de la oración en la forma siguiente:

"De estas orgías hay que distinguir bien la liturgia divina, a propósito de la cual el Espíritu Santo enseña en los Salmos: "Alabad al Señor al son de la trompeta" (Psalm., CL. 3). Porque al son de la trompeta resucitará a los muertos. "Alabadle con el arpa". Porque la lengua es el arpa del Señor. "Alabadle con la cítara". Por la cítara se entiende la boca tocada por el Espíritu como por un plectro. "Alabadle con tambores y coros". Alude aquí a la iglesia que habla de la resurrección de la carne en una piel retumbante. "Alabadle con instrumentos de cuerda y con oboes". Da al nombre de oboe a nuestros cuerpos, de instrumentos de cuerda a nuestros nervios, que le proporcionan una tensión amorosa, de suerte que agitado por el Espíritu el cuerpo despide sonidos humanos. "Alabadle con los timbales de la alegría". Llama timbal de la boca a la lengua, que resuena con el movimiento de los labios. Por eso añade para la humanidad: "Que todo lo que respire alabe al Señor", porque el Creador vela sobre todo lo que respira. El hombre es también verdaderamente un instrumento pacífico. Los otros instrumentos que se pueden tocar son guerreros: excitan las pasiones, inflaman el amor, desencadenan el corazón. Son empleados en los combates: los tirrenos se sirven de la trompeta; los arcakidos, del oboe; los sicilianos, de la flauta; los cretenses de la lira; los lacedemonios, de la flauta; los tracios, de la trompeta; los egipcios, del tambor; los árabes, del cimbal".

Pero sobre todo alaba el empleo del canto al decirnos:

"Nosotros no empleamos sino un solo instrumento, el Verbo pacífico, por el cual honramos a Dios; ya no el arpa, la trompeta, el tambor o la flauta de los antiguos, de los cuales se sirven en sus fiestas los que se ejercitan en la guerra y no hacen ningún caso del temor de Dios, como si su coraje se excitase realmente con tales músicas".

No deja de tener Clemente aquella reminiscencia oriental en que se ven poderes mágicos a través de los sonidos y el simbolismo del arpa y de las armonías musicales, ocupa toda la atención del creyente, y nos dice en los Stromata:

"El Salmista considera el arpa en sentido alegórico para designar desde luego al Señor y después a los que ponen en movimiento las cuerdas de su arpa bajo la dirección del Señor. El arpa continúa siendo el pueblo elegido, que glorifica al Señor, bajo la inspiración del Verbo y según el conocimiento del Señor, en tanto que el Verbo le hace vibrar en la fe. Se puede oír diferentemente la sinfonía musical: trátase de la armonía eclesiástica de la ley de los profetas y de los apóstoles con el Evangelio; y por consecuencia, de la concordancia de todos los profetas entre ellos, a pesar de la diversidad de personas".

Así también en esta última obra recomienda la enseñanza de la música como elemento fundamental de nuestros buenos sentimientos:

"Es preciso", nos dice el filósofo, "aprender música para adornar y dulcificar las costumbres. Cuando bebemos a la salud los unos de los otros, nos excitamos a cantar; hechizamos así nuestras pasiones con nuestros cantos y glorificamos a Dios por la abundancia de dones que concede a los hombres y por los alimentos que nos suministra sin cesar para el crecimiento del alma y del cuerpo. La música inútil debe ser rechazada: la que enerva las almas y las arroja a las impresiones diversas, ya tristes, ya impuras y voluptuosas, ora extravagantes y frenéticas".

¡Qué magníficas palabras que sabían llevar al espíritu popular el sentido de una de las Bellas Artes para llegar a las regiones de su mayor concentración!

Nos recuerda este texto las opiniones de filósofos árabes sobre la música y aún la de clásicos griegos como Aristóteles acerca del arte Euterpe.

En realidad no hay que olvidar que el pensamiento inicial de la filosofía de la Edad Media radica en los teólogos de la iglesia de Occidente: San Ambrosio de Milán, San Jerónimo y San Agustín; que ellos, y especialmente el último, trataron de encontrar como pináculo de la religiosidad la auto certeza de la conciencia. Ya se ha hecho notar que la filosofía de San Agustín es un sistema elíptico que tiene dos focos: el pensamiento teologal y la auto certeza. Este último es el principio de la interioridad inmutable de nuestro propio Yo.

El sentimiento se ha ido poco a poco apartando del mundo exterior, y San Agustín, siguiendo los pasos de Orígenes y Plotino, ha continuado ese derrotero que nadie más que la música supo interpretar.

En realidad para este filósofo y para todo el ambiente espiritual de aquella época, el alma es la totalidad unitaria y viviente de la personalidad, que solo puede a lo real y a la verdad por un internarse en la propia conciencia.

La verdad sólo se da, para estos teólogos en los instantes de beatitud, es decir en la contemplación de la verdad divina, La virtud máxima es la charitas que es la contemplación ebria de Dios. Y lo mismo el arte del romántico, que más tarde el de gótico, la pintura y la estructura, la decoración y la orfebrería; seguirán esta misma tendencia, pero alcanzarán su máxima expresión en el arte de los sonidos, en donde el sentimiento se concentrará en el Responsorio y en la Antífona, en el himno, la aleluya, la secuencia o el tropo.

La Edad Media tuvo por problemas principales la reacción del cuerpo y del alma, la naturaleza de los Universales, la supremacía de la voluntad o del intelecto y especialmente el descubrimiento del sentido de la experiencia interna, de la naturaleza y de la gracia y del principium individuationis. Y en todos esos problemas, en todas las soluciones a los mismos, se descubre ese ambiente que el Canto Ambrosiano y Gregoriano nos había de entregar.

Hay profunda voluntad en cada una de sus frases, corresponde su ritmo al reino de la gracia por su poder beatífico, los modos resuelven el principium individuationis al darle preferencia al unísono para internarse en la conciencia de la propia conciencia.

Las palabras de San Agustín se producen en el Canto Llano con singular belleza.

"Nihil enim est ordinatum quod non sit pulchrum".

Todo lo ordenado es bello.

"Noli foras ire".

No salgas fuera de ti.

"Yn te ipsum redi".

Entra en tu Yo para descifrar tu existencia.

"Yn interiore homine habitat veritas".

En el interior del hombre existe la verdad.

"Scendere ad Deum hoc est intrare in se ipsum".

Ir a Dios es entrar en uno mismo.

Ciertamente el Canto Gregoriano hace realizable la idea de que la virtud es un ordo amoris y que Qui recte amat, procul dubio, recte credit et sperat, quien bien ama, cree y espera bien.

El consejo que Dionisio Areopagitanos entrega a fines del siglo V, es captado por la frase gregoriana: Han de perderse las potencias cognoscitivas del intelecto para llegar a asumir al espíritu en el silencio agrado, en el abismo del ser eterno. Es la ignorancia mística para llegar a la plena divinización. ¿Se rememora la mística neoplatónica? No. Es el espíritu de la Edad Media que tiende a llegar a la gnosis o conocimiento de las cosas divinas por el camino de la pistis o fe ciega. Es la bella forma en que Lactancio entona sus oraciones, San Gregorio Nacianceno pule su oratoria y San Gregorio de Niza profundiza la doctrina cristiana en todo su esplendor.

He aqui la Misa VIII De Angelis, con su Kyrie eleison, Gloria, Sanctus, Agnus Dei y Credo.

La Gloria se expresa diciendo:
"Et in terra pax hominibus bonae voluntis.
Laudamuste, Benedicimuste, Adoramuste, Glorificamuste.
Gratias agimus tibi propter magna gloriam tuam,
Domine Deus Rex Coelestes,
Deus Pater omnipotens,
Domine Fili unigenite Jesuchriste."
Y así el Credo nos dice:
"Patrem omnipotentem, factorem coeli et terrae, etc.
Es de notarse en el Credo la bella melodía que resalta como gema de inestimable valor cuando el sólo pronuncia la frase: et incarnatus est de Spiritu Santo ex Maria Virgene: et homo factus est.

EL ESTILO ROMÁNICO Y EL CANTO GREGORIANO

Hay una correspondencia exacta entre el Canto Gregoriano y el estilo románico de las artes plásticas y especialmente de la arquitectura y escultura. Podríamos decir que la línea melódica se extiende al dominio del espacio en esa primera época de la Edad Media para florecer en las catedrales románicas de singular belleza.

En cambio, a partir del siglo XII el arte gótico de las grandes catedrales de Alemania, Francia e Inglaterra, tienen exacta correspondencia con la forma polifónica que en la música se origina con el discantus y otros estilos de la misma naturaleza. Es la forma gótica de la Catedral de Burgos, del Monasterio de Santes Creus de la Abadía de Westminster, la que se llevará al estilo polifónico musical del norte de Europa y de esta forma se elevarán gloriosos la torre y el ventanal gótico así como el Canon y al Fuga.

En realidad la forma monódica del Canto Gregoriano es la expresión más pura del espíritu de los pueblos latinos, del clasicismo en que se mueve con placidez extraordinaria el pincel de Filipo Lippi, adquiere la plástica severidad del modelado de Sansovino o se yerguen sobre la tierra las líneas equilibradas de la catedral de estilo románico. La filosofía de aquel entonces trata de internarse en la conciencia del hombre para descubrir los poderes ocultos del espíritu y todo nos lleva a la sencillez de la palabra y al encuentro de alma compenetrada de religiosidad.

En cambio el estilo de la arquitectura Visigoda en el norte de Europa y la Lombarda en Italia ya señala el horizonte a que podría llegar el sentimiento del cristianismo que invade la Europa como una savia nueva a un árbol maltrecho por tempestades inclementes. Esta savia ha de llegar con el tiempo hasta las tribus de mayor pureza nórdica para entonces convertirse, definitivamente en el arte barroco con la naturaleza característica del gótico.

El arte románico está enormemente distanciado del gótico y lleva en todos sus elementos la característica que se nota en la fe escueta del Canto Gregoriano. Es así como las plantas de las iglesias románicas señalan el principio de la fe escueta; los pilares y las columnas se alternan en justa armonía y para expresar mejor la elevación del espíritu se desecha la cubierta plana suplirla por la bóveda de mayor comprensión armónica. El pilar principal llega hasta el arranque de la bóveda y en movimiento que siempre asciende se continúa hasta el arco fajón cuyo perfil semeja al de una pilastra. Las bóvedas de arista de las Crucerías muestran la línea que los pintores del quattrocentos supieron aprovechar en su intento de clasicismo. Los parámetros murales exteriores corresponden, en la generalidad, a los pilares interiores; las arquerías corren por impostas y cornisas y las torres se adornan constantemente de arquerías ciegas. Las ventanas son pequeñas y están siempre formadas por arcos de medio punto de degradación. Pero lo más bello son los rosetones, es decir, las ventanas circulares de un gran diámetro con frisos de arcos de medio punto, unidos al centro por pequeñas columnas y apareados en un lóbulo o núcleo central. Así también se encuentra como la portada románica llega a la belleza del equilibrio y las arquivoltas tienen la más exquisita expresión jamás conseguida en épocas anteriores. Solo al recordar las arquivoltas de la portada del Palau de la Catedral de Valencia surge en nuestro espíritu ese sentido de serenidad y justa relación en las proporciones que guarda el Canto Llano recopilado por San Anselmo y San Gregorio. ¿Y qué diremos de los capiteles con su múltiple variedad, de la proporción de las columnas, de la estructura de los pilares, zócalos, frisos, arcos semicirculares de las arcadas de las naves centrales y del esplendor de la ornamentación? ¿No es de recordar el Capitel de las Vendimias de la Catedral de Amiens y el Tímpano de la Iglesia Abacial de Moissac?

Las esculturas que aparentemente son inexpresivas, sin embargo tienen un profundo sentimiento religioso, y ahí están los maravillosos relieves del Claustro de Santo Domingo de Silos; y toda esa pléyade del arte románico que especialmente floreciera en España por su espíritu fuertemente latino, que vése realizado en la Catedral de Santiago, en los Claustros de San Pedro el Viejo y de San Pedro del Campo en Barcelona, de la Basílica de

San Vicente de Ávila y de la Catedral de Zamora, entre otros modelos. En todo el estilo románico siempre encontraremos la línea más sencilla y más perfecta que corresponde a la recta y a la circunferencia. En realidad la recta es el límite de la circunferencia, tal como lo señalara Leibniz al compaginar los mundos de la finitud y de la infinitud. Estas líneas nos están diciendo el mismo equilibrio y la misma palabra mística que encontramos en los Salmos, los Aleluyas, los Responsorios, los Introitos y los Himnos de los Modos Gregorianos.

Falta una estética del románico que sepa profundizar como Worringer en el arte Gótico, el sentido íntimo de cada figura, claro obscuro, forma y estructura. Y entonces se verá que aquí existe el principio más hondamente latino contrapuesto a la forma gótica del barroco de origen y tendencia absolutamente distintos.

Oigamos para estar dentro del ambiente un Kyrie, una Gloria, un Sanctus y un Agnus Dei en el mismo lugar en que permanecemos de la Abadía de San Pedro de Solesmes. Están escritas estas obras en el cuarto modo o Hipofrigio y octavo modo o Hipomixolidio. Ambos son Plagales. Sepamos que el Kyrie corresponde a las formas más antiguas de la liturgia. La Gloria en lejanas épocas se cantaba únicamente en la noche de Navidad y solo hasta el siglo XI ocupa un lugar definitivo en la Misa Romana. El Sanctus es de lo más antiguo pues data del siglo II. El Agnus Dei aparece en la misa sólo hasta fines del siglo VII. Las formas del Kyrie, la Gloria, el Credo, el Sanctus y el Agnus Dei no fueron partes esenciales de la misa primitiva. Eran sólo expresiones cantadas por el pueblo que al pasar los tiempos han llegado a constituir la música de más profunda expresión.

Dos piezas dedicadas a la Misa de carácter fúnebre: el Requiem y Absolve, están escritos en el octavo modo Plagal; contienen una Salmodia ornada, con recitaciones, entonaciones y cadencias regulares. El Requiem corresponde en un principio a la liturgia de la Cuaresma; más tarde adquiere una importancia enorme hasta llegar al estilo barroco de la polifonía dando realce a las inspiraciones supremas como la de Mozart y Verdi.

Por último, tenemos el Ofertorio Domine Jesu Christe entonado en el segundo modo con ese carácter grave pero pletórico de paz. El Ofertorio pertenece como el Introito y la Comunión al estilo antifonal, es decir, al canto alternado entre dos coros. Ya recordamos que el Gradual, el Aleluya y el Tractus pertenecen al Responsorio que es el canto alternado de solista y fieles.

Nuestra meditación la hemos dejado pendiente para oír estas bellas expresiones del Canto Llano; pero nuestro pensamiento no descansa y volvemos a la meditación.

El Cristianismo invadió dos mundos: el del clásico o latino y el del barroco o germánico; y era natural que en el clásico llegara el Canto Gregoriano y a la arquitectura y escultura románicas; porque estaba latente el sentimiento de permanencia en la paz del espíritu; como era natural que, entre los Germanos, culminara en las formas polifónicas de la Cantata o del Oratorio así como en las Catedrales de estilo gótico para mostrar una ansia jamás superada y un deseo vehemente de infinito.

El estilo románico se esparce especialmente sobre España y Francia que son los lugares de mayor penetración greco-romana; el estilo gótico o barroco se extiende al norte de Europa para inundar de emoción dinámica, las mejores ciudades de Alemania, Inglaterra, Países Nórdicos y Países Bajos. Ambos estilos son la expresión del Cristianismo en la Edad Media de Europa. De esta Europa que sangra actualmente y que, como dice Arauz es "una isla de selvas de sangre, de largos ríos de lágrimas, de grandiosas montañas de muertos; en donde se trata de evitar que puedan entrar en ella hombres que quieran talar los árboles que son las venas abiertas, cruzar los ríos con puentes de caricias humanas y subir a las montañas levantando los cadáveres al llamarlos por sus nombres".

De la diferencia de sentimiento se explica que el Protestantismo naciera en los pueblos nórdicos como fenómeno esencialmente barroco y que un Durero fuera extraño a su patria por llevar el clasicismo de la línea a la región norte, y en la misma forma lo fueran un Bernini o un Palestrina al descubrir en el mundo de la antigüedad clásica, los mejores albores de la técnica barroca.

Fenómenos que algún día descubrieran, no sólo el sentido de la Religión, sino el del Arte y de la Filosofía para mostrarnos la naturaleza íntima de las almas filosóficas de Platón y de San Agustín, y lo propio de Kant y Hegel; para señalarnos el carácter profundo de la ciencia euclídea y la aportación de Leibniz y Newton al cálculo; para descubrirnos la naturaleza del Canto Llano y la esencia de la Cantata y de la Pasión.

Poe este camino se podrá llegar a comprender mejor el arte de la sonoridad que lleva en cada frase melódica, ritmo, modalidad o estructura, el sentido íntimo de todas las artes y de todos los pensamientos sobre el mundo y la vida.

Exaltar el Canto Gregoriano a su justa estimación, es propiamente afirmar un nuevo derrotero en la concepción humanista de nuestra más íntima cultura greco-romana. En realidad los estéricos alemanes como Wölfflin siempre se inclinan a darle preferencia al arte barroco pues habla su propio espíritu y se sostiene sus propias tendencias. Así lo han hecho Worringer, Panofsky, Frankl, Schweitzer, Nohl, Schumacher, Schmarsow y otros tantos más a que una estética debe referirse para comprender mejor el punto de vista del arte panorámico. Solo estéticos alemanes como Burckhart, han sabido llegar al espíritu latino y nunca nos cansaremos de elogiar las páginas bellas que sobre la cultura del Renacimiento ha escrito tan insigne pensador.

EL CANTO GREGORIANO Y LA MONODIA

La Monodia viene del Oriente y llega al Mediterráneo para alcanzar su plenitud en los primeros siglos de la Era Cristiana en que se convierte en oración. La Monodia tiene un sentido verdaderamente profundo en el Oriente y estimamos que hasta la fecha no ha sido suficientemente descubierta. Los grupos melódicos o motivos que existen en la música oriental no sólo corresponden a fórmulas de conjuro o de magia. Llevan también el espíritu que animará la filosofía del Tao en China, de lo trascendente en la India y de la naturaleza en el Japón. Son en realidad, la esencia de un espíritu distinto al del Occidente, pues saben descubrir en la contemplación el origen de las fuerzas anímicas aún desconocidas por nuestra cultura. Esta misma monodia oriental, que algunos críticos suponen falta de sentido orgánico, más tarde llega a Creta y a la misma Grecia y entonces se convierte en fórmula con Ethos propio para expresar el equilibrio y la belleza apolínea.

Los makamaths, grupos melódicos de la música oriental aún se conservan entre los griegos pero con un espíritu diferente. Alrededor de ellos se elabora la glosa, el adorno, todo ese enramaje que sabe guardar de la intemperie a la flor y al fruto. Comparar este procedimiento selectivo de los motivos tradicionales con los temas de la Fuga, tal como lo hacen algunos críticos, es confundir lamentablemente el sentido de la cultura en dos de sus más grandes y profundas manifestaciones.

La melodía del Oriente llama al espíritu Occidental, especialmente al cristiano a través de Judea y de Grecia; conservando de este tránsito algunos caracteres. Pero ya en posesión del Occidente cristiano, la melodía adquiere un vigor extraordinario y es nueva por el sentimiento y la finalidad que posee.

La línea melódica va transformándose a través de la misma Edad Media, llega al Renacimiento, en este instante oímos nuevos cantos que nos hacen regresar a la Edad Media. Son tres cantos Gregorianos llenos de éxtasis, de dramatismo y de placer espiritual. Un escrito en el cuarto modo, el siguiente en el quinto auténtico y el último en el Plagal del sexto. Sus nombres corresponden a tres comuniones: Momento verbi tui, Quinque prudentes, Pascha nostrum. Oigámoslos a los mismos coros Gregorianos de la Abadía de Solesmes.

En la meditación sobre la muerte y el entierro de Cristo, el director del coro nos hace notar que el si natural en su repetición constante da una impresión de luz y plenitud; los seis bemoles, hacia el final, hacen el efecto de recoger la melodía para llevarla a una paz final: et erat in pace memoria ejus.

La forma dramática va a aparecer aún más intensa. En tenebrae factae sunt, se hace la descripción de la muerte de Cristo en la forma de un tríptico. Uno de los monjes nos advierte que la primera parte es un Recitativo ornamentado; la segunda, el gran grito de la Cruz, Deus meus, que la voz ataca sobre una sexta subiendo de Re a Sol, para recaer nuevamente en el Si; y la tercera parte, es un Recitativo cuya curva descendente de melodía sugiere en forma elocuente la cabeza inclinada del Mesías al exhalar su último suspiro.

Da pacem y Kyrie X, son plegarias para pedir paz, súplicas del alma en recogimiento espiritual.

Por último el Responsorio compuesto por Notker muere por el año de 912. En la Edad Media se llegó a usarle como una imprecación mágica de tal modo, que en el siglo XIV la Iglesia prohibió que fuera cantada a menos que tuviera un permiso especial. Es un canto trágico y sublime, "en cada Sancte, nos dice el director, la voz cae pesadamente, levantándose después, como si toda la humanidad hubiese dejado caer sobre esta única nota el peso de su horror y miseria, sólo para ascender inmediatamente con la fuerza de su fe y de su esperanza".

Nos alejamos de la Abadía con nuestro espíritu pletórico de ese sentimiento que dominara a Europa durante toda la Edad Media, pero deseosos de oír todavía estos cantos con coros distintos, vayamos a otras Congregaciones para tener la oportunidad de ver realizado nuestro deseo.

EL CREPÚSCULO DE LA ORACIÓN

Hemos llegado a otro Convento, en él vamos a oír el Canto Llano que aún se conserva en un antiguo manuscrito, encontrado en el siglo XI, y que nos muestra la magnífica diafanidad de la melodía ya conocida por nosotros, con el poder pasional de la fe.

El Kyrie en el primer modo modula en su Plagal al segundo. Es luminoso y está lleno de arrobamiento religioso.

El prefacio de la Misa en Tonus Solemnis se canta los domingos en la liturgia cristiana. La belleza de su sencillez es maravillosa a la vez que la voz que la entona es de calidad superior. Para terminar este canto sigue el Sanctus Benedictus de la Misa Cum júbilo que corresponde a otro manuscrito del siglo XIV, señalado en el quinto modo y que es continuación del Prefacio.

Tenemos como modelos de Responsorios tres bellísimos cantos: el Pater Noster en tono solemne con una voz de terciopelo y una melodía magnífica. El Agnus Dei con la fuerza más intensa de expresión. El Ite Missa est, brevísimo como broche a tan pulida diadema.

Y ahora dejemos la Edad Media para tratar de descubrir la naturaleza espiritual del Renacimiento en que hemos de encontrarnos a la belleza exterior, al culto por la forma dejando por un momento la búsqueda y el encuentro de la naturaleza anímica.

Pero para internarnos en éste nuevo mundo, en éste Ars Nova hay que recorrer toda una senda de intentos, de supremos esfuerzos. Al hombre no le satisface únicamente la línea melódica, busca luminosidades distintas y para ello, desde el siglo IX que perteneciera todavía a la Edad Media, tratar de mezclar dos o más melodías. Una de ellas conserva la piadosa línea melódica del Canto Gregoriano y la otra le sigue paralelamente; pero después se entrecruza con ella y por último ambas se libertan y en un derroche de alegría y de audacia siguen sus propios instintos, sus más íntimas realizaciones.

Semejan entonces peces de infinitos colores en mares de fondo, aves en arboledas espléndidas. Se ha conquistado la libertad y cada melodía en conjunto de tres, cuatro o más voces, lleva un sello de su propia vida, una nota de su pasión o virtud.

Para realiza esto se necesitan seis siglos. Es hasta el XV, ya en los comienzos del Renacimiento cuando el Contrapunto da sus mejores frutos. Las voces tímidas que unidas caminaran durante los siglos IX al XII en la forma de Organum y de Faux Bourdon; que del siglo XII al XIV se elevan airosas en Cánones de diversas formas, Contra puntos dobles y triples, variaciones de motivos, Motetes y sobre todo Fugas de un esplendor jamás conseguido.

Y este paso lo logra la música religiosa influenciada por la música popular. Es el espíritu del pueblo que llama a las puertas del templo y de manera tumultuosa al principio, pero recatada después, ha de invadir la oración pura y diáfana del Canto Gregoriano con sus propias pasiones. Los trovadores, los minnesingers, los meistersingers, los bardos y los simples juglares desde la Edad Media hasta el Renacimiento fueron creando un arte nuevo. El canto amoroso, la lírica de emociones diversas, la epopeya grandilocuente, la leyenda de imaginación fantástica, los hechos de caballeros que en defensa del honor de una dama o del rescate de una ciudad santa se han hecho célebres; fueron todos cantados de castillo en castillo, de burgo en burgo y aún de monasterio a iglesia.

Este canto profano, nacido del pueblo que no sabe de teologías, ignora el simbolismo de la liturgia, los grados ascensionales de la virtud religiosa, las conquistas de la filosofía al descubrir la naturaleza de los universales o conceptos de abstracta generalidad; éste pueblo que siente hambre cuando vienen las guerras y soporta dolorosamente la ambición de los poderosos; peor que también sabe gozar de sus propios amores mundanos, de sus leyenda, de sus ilusiones pasajeras como bólidos en la inmensidad de un cielo negro como es su dolor; hizo brotar de sus trovadores las más ingenuas y apasionadas melodías, que fueron, en un principio a acompañar a la vox principalis de Canto Gregoriano simplemente como vox organalis; pero más tarde invadieron la misma vox fundamentalis y desbordaron la pasión en el templo sagrado del incienso y de la oración.

Sólo la potente creación de Palestrina detuvo esta victoria que, olvidándose de la Divinidad casi rozaba la vida transitoria de lo mundano. Y tomando el Canto Llano su antiguo vigor, en las obras de Palestrina en Italia y de Orlando Lassus en Alemania vuelve sobre las conquistas del Contrapunto a desplegar una nueva oración a lo eterno.

Pero he aquí que nace en el siglo XVII una nueva forma de expresar la belleza en el arte musical: una melodía acompañada por otras voces, en encadenamiento de acordes; siguiendo un acuerdo de perfecta tonalidad. Y entonces, nace la armonía que no es libertad como fuera el Contrapunto; que no es monodia sola como aconteciera en el Canto Llano; sino una voz que lleva su cauda, descubriendo nuevas formas en el sentimiento estético del hombre. La ornamentación a veces hará perder la diafanidad de la voz principal pero en las mejores creaciones el estilo barroco que en las artes plásticas descubriera mundos ignorados, surge lleno de lozanía en la producción musical.

Este período de la polifonía débese estudiar para descubrir horizontes vastos en que el arte de la música se impregna de la profundidad racionalista de la Escolástica, del sentido místico de los Victorinos y de la llamada Decadencia de la Escolástica; y sobre todo del arte gótico que supo elevar plegarias a la Divinidad en conciencia de la infinitud.

A lo lejos percibimos el canto litúrgico de la Edad Media que va perdiéndose como entre bruma. Fue la Edad de Oro del espíritu, cuando la filosofía supo llegar a descubrir el sentido de la existencia humana, cuando el arte sintió el poder de la fe en la pincelada o en la nota, en la piedra tallada o en el canto amoroso de sus trovadores. Es, el Spiritus Domini el Canto Llano que nos hace recordar esa llamada noche de la Historia que por ser demasiado profunda no ha llegado a comprenderse plenamente. Recordamos la frase de Aurora en el drama de Eka Nishta: "Cuando un hombre es hondo en el pensamiento o en el sentimiento, decimos que es un loco, un demente y no percibimos nuestra propia incapacidad. La Edad Media presenta el misterio de lo espiritual en la sobria ebrietas. Busca nuevos campos de espiritualidad. Sus creaciones tienen el terror de lo profundo y sus realizaciones semejan el sentimiento siempre intranquilo de la esperanza. Sus versos escancian en la mente el perpetuo anhelo de lo eterno; sus figuras semejan un anima doliente y su música en los modos litúrgicos canta los momentos venideros bajo la espaciosidad de la voz humana".

"La catedral gótica lleva, en las bóvedas de sus crucerías el sentimiento de la hondura del espíritu cuando sólo se entrega en alas de la fe y de la revelación. Es la aspiración suprema de la materia y del espíritu para identificarse con la esencia del Universo y la plenitud del ser. La catedral en la Edad Media representa la idea, la espiritualización del Cosmos en oración cristiana; el templo griego significa la perfecta armonía del espíritu y de la materia, la comprensión de la serenidad del alma y de la necesidad del cuerpo. Proporción y medida en el arte Griego, profundidad y complejidad en el arte Gótico".

"Siglos aquellos, los de la Edad Media, que supieron impregnar de religiosidad hasta a las piedras de las montañas".

"Catedrales góticas en que la piedra se hizo espíritu y en donde no tenía ni la pesantez ni la materialidad de la piedra del camino".

"Y la piedra se hizo espíritu… Y fue Saeta y fue Roseta y fue Cruz"

Jardín Ginkaku-ji, Kyoto

MISA DE REQUIEM
DE
AMADEUS WOLFGANG MOZART

EL RÉQUIEM DE MOZART

El dolor en la Melodía

Ahora refirámonos al Réquiem de Mozart. Se ha dicho mucho alrededor de esta misa. Mucho fantástico que no corresponde a una interpretación seria como estas obras requieren. Ciertamente le fue encomendado en la última época de su vida, es decir, en el mes de julio de 1791 por un enviado del Conde de Walsegg. Este excéntrico personaje dábase a la tarea de conseguir obras musicales escritas por los mejores músicos de aquel entonces para presentarlas como suyas en los conciertos de la Corte. Aún existe el manuscrito del Réquiem en que el famoso conde hiciera la anotación de ser obra suya.

Mozart estaba cerca de la muerte, pues en diciembre del mismo año había de morir después de una vida la más luminosa pero a la vez la más fugaz que sólo comparable a las de Pergólese y de Schubert, nos parecen estrellas brillantes que se consumen en un minuto de la historia y su luz es tan intensa que la humanidad la llevará en todas las conciencias que tengan aún fe y pasión por la belleza. Su encargo no pudo terminarlo y fue obra de sus discípulos Eybler y sobre todo Süssmayer, que dieron término a la obra.

Desde entonces se ha tratado de descubrir hasta donde termina lo realizado por Mozart y donde empieza lo manufacturado por Süssmayer. Se supone que la partitura fue escrita por Wolfgang hasta la página 33, pero difícilmente se distingue una escritora de otra en su continuación. Süssmayer en una carta fechada el 8 de febrero de 1800, cuando Breitkopf y Härtel preparaban una nueva edición de la famosa obra y le pedían la aclaración respectiva, se concretó a decir: “La parte más grande del

Réquiem es mi propio trabajo". En realidad es una pretensión de discípulo de los que se sobran y abundan en el mundo.

No pudo haberse hecho esta terminación con la sola iniciativa de Süssmayer que en las demás obras religiosas escritas por él, no muestran de ninguna manera esta exquisita inspiración. Lo más creíble es que le dejara Mozart el diseño de la terminación de la obra habiéndole señalado los motivos de la misma para el Sanctus, el Benedictus y el Agnus Dei que faltaban. Pues la inspiración se conserva constante y Mozart es único en la fluidez de su pensamiento y en la delicadeza y penetración de su melodía. Indudablemente que las primeras partes también requirieron ciertos rellenos, sobre todo en la instrumentación de las primeras partes y especialmente del Recordare y la Lacrymosa. Pero la ingratitud de los discípulos ha sido una herencia de la humanidad desde que Judas les enseñara a los hombres como se pude dar un beso al maestro y se le puede entregar al sacrificio y a la muerte. Parece que en este momento alguien está diciéndome que debo recordar a Milito el tristemente célebre discípulo de Sócrates y a otros más infelices y aún más desgraciados.

Del estudio del Réquiem, las porciones que no están a discusión y que corresponden estrictamente a lo hecho por Mozart podemos señalar las siguientes: El Réquiem Aeternam y el Christie Eleison son exclusivamente de Mozart. En el Dies Irae, el completo de las partes de la voz y el bajo, una gran parte del primer violín y unas cuantas medidas de las partes del segundo violín y de la viola, son de Mozart. En el Tuba Mirum, la totalidad de las partes de la voz y del bajo; algo del primero y segundo violines y las primeras 18 medidas del trombón son de él. En el Rex Tremendae: la totalidad de las partes de voz y del bajo figurado para el órgano, cellos y bajos; y la totalidad de la parte del primer violín con excepción de las barras 20 y 21 son también de él. En el Recordare, la totalidad de las partes de voz y del bajo así como de la parte para cornetas bajas y una buena parte de cuerda, corresponden a Mozart. En el Confutatis la totalidad de las partes de voz y del bajo figurado para órgano, cellos y bajos, algo del primer violín y unos cuantos compases de la corneta baja y del fagot; en la Lacrymosa, todas las partes de voz y el bajo (no figurado) para órgano, cellos y bajos; en el Domine Jesu, la totalidad de las partes de voz y del bajo figurado para órgano, cellos y bajos y las porciones de las partes de violines primeros y segundos; así como en el Hostias: la totalidad de las partes de voz y del bajo (no figurado) para órgano, cellos y bajos y las porciones de las partes de violines primeros y segundos: todo corresponde a Mozart. Hay además que hacer notar que al fin de la barra 54 del Hostias, Mozart escribió la indicación" Quam olim Da capo" y Süssmayer de acuerdo con esto repitió la Fuga "Quam olim Abrahae" del movimiento anterior.

En lo que respecta a las tres siguientes secciones del Réquiem: El Sanctus, El Benedictus y el Agnus Dei indudablemente fueron desarrolladas por Süssmayer bajo las indicaciones que el mismo Mozart hubo de dejarle.

De todas maneras el Réquiem es de estructura tan magnífica, que no cabe duda que la inspiración del genial compositor inundó no sólo lo hecho por él, sino lo elaborado por su discípulo en un ambiente de unidad, de ternura y de grandiosidad dolorosa.

En él se encuentran el arrebato que tiene el hombre para salvar su propia alma, la humildad y la religiosidad que le embargan en momentos de profunda fe; el himno a la divinidad por la justicia de su sentencia y la piedad que tiene para los hombres; y en general el dolor ante la muerte, la angustia por un castigo eterno y a la vez la esperanza en el perdón.

De esta amanera podemos señalar las características más notables de cada una de las partes del Réquiem:

En el Réquiem Aeternam hay fe absoluta, la orquesta y el coro desbórdanse en un deseo vehemente de alabanza y las intensidades en magnífico contraste nos conducen a la glorificación de la Divinidad y a la alegría del espíritu. El texto indica cómo se pide al Señor descanse su bondad sobre los muertos y pueda la perpetua luz brillar sobre ellos. Se recuerda cómo la obra de Dios ha sido alabada en Sión y realizada en el sacrificio de Jerusalén: cómo la carne vendrá en el momento de la resurrección y oiráse nuevamente la oración y el himno a lo divino que es piedad y perdón.

En el Christie Eleison, emplease inmediatamente la Fuga. Esta es Maravillosa. Con un ritmo severo nos lleva a la significación que este momento exige. Se pide con fe la salvación, es el alma del hombre que se entrega en manos de un poder supremo cuando las tinieblas inundan el ambiente, cuando sus ojos no perciben ningún sitio seguro, cuando su cuerpo ha dejado de vivir y su alma tiende a persistir.

En el Dies Irae que señala el día de la furia de los elementos universales, cuando el cielo y la tierra se estremezcan porque ha llegado el juicio del cielo, cuando se cumpla la profecía de David que la sibila le ha revelado; se logra este majestuoso momento con el arrebato de una música impetuosa, con el vigor extraordinario del coro, empleados admirablemente.

Pero se pasa a la Tuba Mirum. Se oye la trompeta y más tarde esta voz es recogida por tenores y voces femeninas y llegase a un momento de solemnidad. ¡Qué bella y exquisita ternura se manifiesta en este momento en la conciencia del hombre! Hay un enorme contraste entre el Dies Irae que es el rigor de la naturaleza en la tempestad del último momento y el espectáculo de serenidad que el alma posee ante el instante en que debe ser revelado el Juicio Final. Suene la trompeta del ángel, nos dice el texto, a través de los reinos sepulcrales con todo su vigor. En ese momento ved a la muerte rodeando al trono, la muerte y la misma naturaleza aterrorizadas, el polvo y el espíritu reunidos y el hombre sujeto al Juicio Final. Vése a través de la música el fervor que el hombre religioso tiene porque espera que en ese día se leerá el libro, exactamente deletreado, donde todo ha sido determinado y prefijado. Sobre su texto el Juicio será sentenciado y en el momento del Juicio los astros ocultos serán revelados y nada permanecerá sin ser vengado. Pero si hay solemnidad en este trozo de la obra hay también una angustia resignada, pues se pregunta ¿quién por mí intercederá cuando la misericordia la necesite?

Con un efecto de gran contraste dramático se inicia inmediatamente el Rex Tremendae. En forma impetuosa se eleva un himno a la Divinidad, pero es un grito que pide piedad y protección, es una exigencia de salvación; es el alma dolorosa que levanta su voz ante el rey de majestad tremenda. Son estos momentos en que el alma angustiada y resignada pide el perdón con arrebato y desesperación.

Inmediatamente aparece el Recordare en que ya no se cae en la angustia de la incertidumbre, en que ya no se tiene ese furor extraordinario para la piedad y la protección, ahora es un momento de mayor fe, de mayor esperanza, de máxima confianza en la bondad divina. La orquesta inicia largamente este instante. Las voces se encadenan desde la soprano hasta las de los hombres y aparece el más bellísimo cuarteto que pudo ser hecho en los últimos años de Mozart. Pienso, noble Jesús, nos va diciendo el texto, que mi salvación la causó tu maravillosa encarnación. No me dejes réprobo. Lánguido y fatigado tú me has visto y es porque la cruz del sufrimiento me ha atraído. Dóname el bien de la absolución, pues ahora yo culpable vierto mi gemido y reniego de mi venganza con angustia. Este texto aún con mayor delicadeza expresa la esperanza y la confianza más salvadoras: "Espero, oh Dios, continúa la letra, tu socorro. Tú has perdonado a María Magdalena, Tú has salvado al ladrón, envíame un rayo de esperanza. Indignos son mis suspiros y mis oraciones, Tú, buen Señor, en gracia accede recobrándome del fuego eterno".

La obra de Mozart, sabemos bien que había llegado a la plenitud en el dramatismo empleado tanto en la música orquestal como en la ópera. El sentimiento que embargara todo el espíritu de Mozart, después del fracaso de su magnífica obra "Don Juan", cuando se viera en la miseria y sin la justa recompensa a toda esa labor magnífica que había creado en sinfonías, obras para teatro, música de Cámara y para Iglesia; era propicio para que levantara en el Réquiem un himno al dolor, empleando los contrastes más frenéticos en el drama que todo hombre tiene que sufrir cuando se realiza el apagamiento de la propia vida. Es por esto que a través del Réquiem, obra pequeña relativamente si la comparamos con "La Flauta Mágica", se encontrará en cada instante los claros obscuros más intensos, los colores más atrevidos y las perspectivas más sugerentes. Casi son minutos o segundos los que sirven para expresar el cuadro de la resignación, el paisaje de la desesperación, el momento de la angustia, y la aurora de una salvación. Por eso mismo después de este confortable pasaje del Recordare aparece inmediatamente el Confutatis.

Aquí se recuerda aquellos textos bíblicos en que con las palabras proféticas se hace mención a las maldiciones que estarán confundidas en el lugar de los eternos castigos, a las flamas vengadoras que rodean con eterno sufrimiento los cuerpos de los pecadores y esto es expresado en un arrebato de la orquesta y en el coro y en contrastes de sentidas frases. Pero cuando el espectáculo ha aparecido con todo el terror, como sólo Dante nos lo hiciera sentir en la Divina Comedia, como sólo Fray Luis de Granada nos lo describiera en magnífica prosa; aparece inmediatamente el momento doloroso en que hay que inclinarse ante el fin solemne, y orando y sumidos en la resignación aguardar, confiados en la piedad divina una palabra que nos salve de tan profundo y negro abismo. El Confutatis termina fúnebremente, el arrebato que al principio tuviera ha anonadado al espíritu y éste sumiso permanece ante el sublime espectáculo del Juicio Final.

Pero es no el héroe que a semejanza de Prometeo se muestra rebelde ante la furia del destino, y que implora a los vientos y a las olas marinas, a las furias y a los ciclones, para su salvación; es el hombre que sabe llorar en momentos de arrepentimiento, de profunda angustia y reconocimiento de sus propios pecados y de sus más inicuas falsedades.

Por eso aparece inmediatamente el Lacrymosa. Es triste, con dolor de arrepentimiento. Los violines expresan el dolor con el quejido propio de las cuerdas y el coro se encauza en ayes de sufrimiento. Hay en todo, unción y humildad. Pero a través de este negro espectáculo se distingue allá la más bella melodía que nos recuerda el arrepentimiento cuando es sincero, la salvación cuando se reconoce la vía recta y se reniega de la maldad con todo el poder del corazón.

En este instante aparece el Domine Jesu Christe. Es que de las lágrimas y del dolor ha aparecido una nueva alegría. Es aquélla que llega al hombre cuando ha sabido purgar sus propios pecados y ve en lo sucesivo una vida nueva y un porvenir fincado en su bondad y sinceridad. ¡Con qué destreza y genialidad esta parte está expresada en una fuga maravillosa!

En un principio la inician las voces femeninas y más tarde las voces masculinas para llevar siempre un aliento nuevo, una brisa que refresca el ambiente, una luz que ha aparecido iluminando todas las conciencias y dando fe a todos los propósitos. El coro entona el texto: "Señor, rey de la majestad, salva las almas de todos los fieles de la mano del infierno y del foso de la destrucción. Restáuralos al brillo de tu gloria como se lo prometiste a Abraham y a sus hijos en las más lejanas épocas". La terminación de la fuga es magnífica y en realidad el espíritu de Mozart está rebosante de fe y de confianza.

Aparece el trozo de Hostias. Aquí ya no sólo hay alegría en la conciencia, hay un ofrecimiento en el sacrificio y hay una oración en el espíritu. Es el instante en que por el bien recibido se entrega la oración de reconocimiento y se lleva en holocausto todos los bienes terrenales. Cuántas oraciones de San Agustín podrían ilustrar este momento, cuántas exclamaciones de San Francisco de Asís iluminaron la mente prodigiosa de Mozart para poder expresar un nuevo sentimiento en esta gama infinita de placeres espirituales. En una fuga de tanta grandiosidad como la anterior es expresada esta dádiva que el hombre entrega de las cosas del mundo y de los sentimientos de su propio espíritu. Se ha visto la luz y todo lo demás se ha despreciado; pero en ese mismo instante ha quedado en el hombre su propio espíritu y este se entrega y se ofrece como la dádiva más ferviente de un tesoro infinitamente preciado.

Era natural que después del sacrificio viniera la exclamación del Sanctus en que en un Hossana se alaba la bondad divina, el saber sin igual del ser supremo, y es por ello que en esta parte del oratorio, Mozart emplea una nueva fuga que es aún más potente de entusiasmo, más arrebatadora de fe y de esperanza y que para hacerla más intensa la inician las voces graves para llevar al conjunto a un momento de delirio espiritual, a un instante de suprema liberación.

Aparece, a continuación, ya no únicamente el entusiasmo del hombre, su arrebato de alegría humana, sino el Benedictus en que se mezclan las felicidades de lo mundano y de lo divino para exclamar: "Bendito es el que viene en el nombre del Señor. Hossana" ¡Con que delicadeza se lleva en un principio la más notable melodía que brotara de este genio que supo señalar como Rafael la más pulida línea, el más claro y diáfano color! Son las voces de las mujeres las que inician en exquisita expresión esta primera parte; únicamente el tenor interviene para con su timbre acentuar más el aspecto celestial de esta parte. Pero si la serenidad obra en el primer momento, si contemplamos a través de esta frase la imaginación que Fray Angélico tuviera en el arrebato místico de su pincel; vemos también cómo nuevamente florece la alegría y en una fuga final se expresa todo lo que puede decirse a través de la palabra humana y de la bondad divina.

Hemos llegado a los tres últimos momentos del Réquiem. El Agnus Dei, la Lux Aeterna y el Cum Sanctus. En el primero aparecerá la simbología del Cordero que lleva el dolor de los pecados del mundo; en el segundo el resplandor de la luz que brillará sobre el Universo después del Juicio Final y en el último la misericordia y la salvación que deben coronar a esta obra magnífica.

En el Agnus Dei hay unción y tranquilidad, hay el convencimiento de que los pecados del mundo serán borrados gracias a la bondad infinita del Creador.

En la Lux Aeterna hay, a través de la más bella melodía, el sentimiento de una sabiduría radiante de belleza, de una bondad sin límites. La voz femenina inicia esta bella parte y la fuga es de un gran efecto, aun cuando termina tristemente.

En cambio en el Cum Sanctus ya no hay más que felicidad, todo se ha tornado gozo y entonces la mano maestra de Mozart señala en la fuga la claridad más sorprendente, la fe de mayor confianza, el placer espiritual más completo. ¡Cómo se recuerda en este instante el Aleluya de Haendel en el Oratorio "El Mesías", muchas Cantatas de Juan Sebastián Bach y el final de la Novena Sinfonía de Beethoven; en que se canta al alegría espiritual y en que se entonas los más bellos himnos al amor uránico que es todo espíritu en esencia!

EL DOLOR A TRAVÉS DE LA MÚSICA

Hemos oído el Réquiem de Mozart. Nos ha internado en el campo del dolor y de la esperanza, en el terreno de la muerte y de la angustia. Sus frases dolorosas, sus imprecaciones llenas de fe nos hacen reflexionar acerca del dolor en el campo del arte musical.

Tema inmenso para la filosofía y para el arte, que lleva en sus entrañas la comprensión de la existencia misma, que en la filosofía existencial y fenomenológica se establece como principio de toda concepción de la vida y del Universo. Es así como el sentimiento angustioso servirá lo mismo a Kierkegaard que a Heidegger como fundamento de toda su filosofía y aún más de toda su metafísica. El encuentro de sí mismo no es otra cosa más que el paso de la angustia a la plenitud de la conciencia humana.

Y si esto es en filosofía, ¿Qué diremos en el arte? Los más grandes intelectos en el campo artístico siempre han manifestado a través del color, de la línea, del claro obscuro del modelado, de las proporciones, de las armonías, del verso o de las posturas, el hondo significado de este sentimiento, que es el único que puede realizar la llegada a la luz de espíritu. Es así como recordamos, tomando ejemplos de aquí y de allá el dolor expresado por el pincel de Grünewald, en esos lienzos que sangran y que llevan tormento. La frenética danza de la Duncan para expresar la Marcha Fúnebre de Beethoven que siempre hacía llenar de pavor a la conciencia. La dolorosa expresión de la Pietà de Miguel Ángel que encarna el dolor de la madre ante la visita del hijo muerto. Los Cristos de Zurbarán que señalan en sus negros el sentido del misterio en la muerte y la realidad del dolor en el corazón. La poesía ya de Shakespeare, ante las tragedias de la Humanidad, ya de Milton ante la obscuridad de su ceguera, ya de Manrique por las vidas que van hacia el océano infinito de la muerte, ya de Zorrilla de San Martín que tiene el dolor de la naturaleza en el martirio de la cautiva, ya la angustia máxima de la incomprensión en la pérdida de todo ideal en la figura simbólica de Aurora en Eka Nishta. Y ahora, oyendo las obras musicales cree uno que estos dolores jamás han sido interpretados y reproducidos con tanta veracidad como en esta obra. Siempre se sobrecoge el alma cuando la Marcha aparece en la batuta de Wagner para el enterramiento de Sigfrido, cuando Chopin llora su propia tragedia en el sonido de su instrumento predilecto, cuando Beethoven majestuosamente en la Sinfonía entona la caída de su propia ilusión y Johann Sebastian Bach llega a expresar en la Pasión según San Mateo su más conmovedora oración al dolor.

Pero es que estamos ante el dolor que muestra la Missa de Difuntos de Mozart.

Y ésta nos hace meditar en cómo los grandes artistas de la armonía lo han podido expresar. Buena meditación es ésta porque descubre esencias y describe fenomenológicamente estados anímicos y espirituales de profunda envergadura filosófica y estética. Es así como podría hablarse de que algunos artistas llegan al dolor espontáneamente, mientras que otros requieren incertidumbres, rodeos, para poderlo expresar. Unos artistas ven al dolor físico y otros al espiritual. Unos reflejan la incertidumbre del dolor y otros expresan la conquista del dolor en la fe segura, firme e inconmovible. Unos ven al dolor pasajero de la muerte y otros señalan el dolor eterno de la perdición del espíritu. Unos emplean el dolor como símbolo de trascendencia y otros para señalar en la vida del hombre un camino de purificación. Y la expresión del dolor dependerá de la creación artística, de la fuerza que tenga el artista para comprender esta última realidad.

En contraste también existen los creadores de la alegría. ¡Qué campo tan amplio, qué horizontes tan variados! Desde la alegría ingenua que lleva a la sonrisa en un baile de la Corte, hasta la alegría espiritual que fraterniza a los hombres, desde la alegría que descubre el campo plácido después de la tormenta hasta la risa franca y lozana de la aldea o del hombre ingenuo. Todo un matiz en cada expresión, todo un carácter en cada manifestación.

El dolor en Mozart es espontáneo como lo fuera toda su música. Brilla con el mismo esplendor y pristinidad que la melodía que encontramos a través de sus Sonatas o de su música de Cámara. No hay esfuerzo, hay sólo concentración. Es un dolor manifiesto que cuando va acompañado de la fe, sólo relata lo que el hombre puede sentir ante el espectáculo de la muerte, pero sin mayor trascendencia que la que sólo en el hombre descubre una vida que se despliega siempre luminosa, espontánea y fácil. El Réquiem de Mozart es la expresión de ese dolor. Sus frases nos conducen al campo en que la vivencia psíquica está viviendo con la misma naturalidad que la florecilla brota de la rama, que el riachuelo se desliza por entre el césped, con la misma espontaneidad que el pájaro lanza su último gorjeo. Y esta naturaleza del dolor no podrá embriagarlos del más fino néctar. Se ha llegado a él muy fácilmente y el dolor exige para su comprensión un instante recogimiento más íntimo y de conciencia más profunda.

Con razón se ha dicho que el dolor expresa eternidades, mientras la alegría en instantánea, y transitoria. Y es porque en realidad el dolor supone grandes distancias, tal como los terroríficos ciclos del Infierno de la Divina Comedia de Dante, mientras que la alegría es atrayente y se la escala con deleite como en el simbólico ascenso en el Paraíso del mismo poeta.

En Johann Sebastián Bach, el dolor sí tiene trascendencia. Es una conciencia torturada que siente la angustia hasta lo más profundo del ser y ésta angustia perdura por todos los tiempos e invade con sus sombra a todos los horizontes. Magdalena Bach nos relata cómo Juan Sebastián al estar construyendo la Pasión Según San Mateo tenía momentos en que dejaba caer lágrimas sobre la partitura y su angustia era tal, que no se daba cuenta ni de la presencia de su mujer.

El dolor en Beethoven, ciertamente no llega a las regiones de la trascendencia, no es un dolor cósmico, sino fundamentalmente humano. Llega él como buscando una salida a su propia angustia, es una expresión que reproduce el refugio de una alma atormentada por el peso de la tragedia y sobretodo de la incomprensión. El dolor expresa en Beethoven un nuevo sentido de humanización. Y algo notable, siempre un principio de purificación y de ennoblecimiento.

El dolor en Wagner es arrebatador y señala en los golpes de las cuerdas o de los timbales, de los cobres y latones, la llamada y al corazón para que contemple la tragedia de los grandes hombres, la caída de los dioses y el descubrimiento de una naturaleza que está más allá del bien y del mal. No es la ordalía de los dioses; no es el dolor de Cristo, es el dolor de Buda y aún más, el dolor de los grandes dioses de la India y de China, de la Germania antigua y de los Países Escandinavos.

El dolor de Schubert es profundamente romántico. Llora la simple canción del molinero. Lleva en sus notas la delicadeza de un alma sencilla que le atormenta una simple mirada de desdén, el color del listón que trajera la amada y el golpear de la caída del agua en el riachuelo que tiene el poder del ensueño y del recuerdo.

El dolor de Chopin es romántico, pero jamás tendrá la ingenuidad del de Schubert, jamás tendrá el dolor prepotente que se encuentra en la música de Wagner, el hallazgo del hombre universal que se descubre en Beethoven, ni la religiosidad que encontramos en el Motete o en la Cantata de Johann Sebastián Bach. Es demasiado humano, sin ser universalmente humano. Es el hombre atormentado por la tuberculosis y flagelando por la pasión amorosa, es la nostalgia de una vida que se consume sin propósito y sólo anhelante de decir a su propio destino, la más torturante y cruel nostalgia.

¿Y qué diremos del dolor en Tchaikowsky? Allí el dolor anonada para no libertar jamás, es la manifestación de un golpe de muerte en donde jamás se descubre la más íntima esperanza y todo se interna en la desolación y en el exterminio. La Sexta Sinfonía llamada Patética, es la expresión del nihilismo ruso, aquél que habiendo perdido el sentido de su propia cultura eslava, no comprendiendo el sentido de la cultura bizantina y occidental solo busca el aterramiento de espíritu en un mundo en que todo termina, donde no existe ni la fe ni la esperanza, y sólo se descubra el sentido de la nada en todo su esplendor.

Jamás Beethoven llegará al dolor sin encontrar la felicidad, jamás Bach descubrirá el dolor sin afirmar la fe, jamás Wagner cantará al dolor sin descubrir la grandeza del bien que las almas fuertes saben guardar, jamás Schubert se internará en el pesar sin hallar el sentimiento de amor íntimo; y nunca expresará el dolor Robert Schumann sin dejar una interrogación hacia el futuro, una íntima pregunta sobre el porvenir. Chopin nos hará sentir como el hombre se refugia en sí mismo para expresar su dolor por su dolor. Y Tchaikowsky nos llevará a una región de penumbras que nos dejará anonadados sin el poder de la fe, sin la gracia de la esperanza, sin el sentimiento de la intimidad ni aún el de la duda.

Y frente a estos dolores está el Réquiem de Mozart para decirnos cómo el dolor sin fe, cómo el dolor sin esperanza, el dolor sin humanidad, el dolor sin creencia hacia el más allá, el dolor sin anonadamiento puede ser expresado en un instante en que la muerte invade al corazón humano y en que hay que cantar a la tragedia, sí con la imploración, pero también con la naturalidad de un mundo que se acaba, de un riachuelo que se seca, de una onda que se pierde en la inmensidad del océano.

Y ahora hemos de internarnos en la Missa Solemnis de Beethoven y entonces encontraremos todos los aspectos humanos de la alegría y de la fe. Todos los sentidos humanos de un arrebato fervoroso por la existencia, así como todo el anhelo humano para conquistar la paz espiritual.

RÉQUIEM

Réquiem Aeternam.
Descansa tu bondad sobre ellos, Oh Señor;
Y pueda la perpetua luz brillar sobre ellos.
Tu obra, Oh Dios, fue alabada en Sion;
y tu deseo realizado en Jerusalén;
Tú que oíste la oración, en ti toda la carne vendrá.

Christi Eleison.
Oh ¡muéstranos tu merced, Señor!
Envíanos tu salvación.

Diez Irae
En el día de furia y destino amenazadores,
el cielo y la tierra en cenizas terminarán.
David dijo, con el auxilio de la Sibila que el terror lacerará el seno del hombre
Cuando el Juicio del Cielo descienda, de cuya sentencia todo depende.

Tuba Mirum
Suene la trompeta del ángel.
A través de los reinos sepulcrales con todo vigor.
Ved a la muerte al trono rodeando
La muerte y la naturaleza, aterrorizadas,
El polvo y el espíritu reunidos,
Y el hombre sujeto al Juicio Final.
Léase el libro, exactamente deletreado,
Donde todo ha sido determinado y prefijado;
sobre él el Juicio será sentenciado.
Cuando el Juicio llegue,
Cada astro oculto será revelado,
Y nada permanecerá sin ser vengado.
¿Quién será el hombre que interceda?
¿Quién por mí intercederá, cuando la misericordia la necesite?

Rex Tremendae
Rey de majestad tremenda, envíanos tu salvación,
Llena de piedad y protégenos.

Recordare
Pienso, noble Jesús, que mi salvación
La causó tu maravillosa encarnación
No me dejes réprobo.
Lánguido y fatigado tú me has visto,
La cruz del sufrimiento me atrajo.
¿Tal gracia debe dárseme?
Recto juez de retribución,
dóname el bien de la absolución,
antes de la conclusión del día.

Culpable, ahora yo vierto mi gemido,
Poseo mi venganza con angustia;
Espero, Oh Dios, tu socorro.
Tú has perdonado a María Magdalena.
Tú que al ladrón has salvado,
Envíame un rayo de esperanza.
Indignas son mis oraciones y suspiros,
Tú, mi buen Señor, en gracia accede,
Recóbrame del fuego eterno.
Como tu oveja favorita, colócame,
No entre las ovejas descarriadas;
Sino a tu lado para elevarme.

Confutatis Maledictis
Cuando las maldiciones estén confundidas,
Con flamas vengadoras rodeadas,
Entre lo bendecido mi nombre será pronunciado.
Vedme orando, sumiso e inclinado,
Consciente mi seno culpable está lacerado.
Guardadme a través del fin solemne.

Lacrymosa
Día de Terror, día de llorar,
Cuando de las cenizas se levante el que duerma,
Como hombre para el Juicio Final debe prepararse;
Guárdale, Oh Dios, en misericordia.
Señor, todo piadoso, Jesús bendito,
Dónale su eterno descanso.
Amén.

Domine Jesu Christe
Señor, Jesucristo, Rey de la majestad,
salva a las almas de todos los fieles
De la mano del infierno y del foso de la
Destrucción: sálvalos de la boca del león, que a su
Pesar no los devorará; que no vayan al reino
de la obscuridad. Permitid a Miguel, el santo modelo,
Restaurarlos al brillo de tu
Gloria; Como a tu Abraham y a sus hijos se lo prometiste,
en edades pasadas.

Hostias
Sacrificio y oración te ofrecemos, Oh Señor:
Acéptalas para las almas que han partido, en cuya
Memoria nosotros hacemos esta oblación:
Y dales la gracia, Señor, de pasar
De la muerte a la Vida.

Sanctus
Santo Señor Dios de Sabaoth,
El cielo y la tierra están llenos de tu gloria.
Hosanna en lo más alto.

Benedictus
Bendito es el que viene en el nombre
del Señor. Hosanna.

Agnus Dei
Cordero del Señor, que llevaste el dolor de los
pecados del mundo, permítenos descansar para siempre.

Lux Aeterna
Que la luz eterna brille sobre ellos, con tus bendiciones,
Oh Señor; por años interminables.
Permíteles descansar eternamente, y que
la luz perpetua brille sobre ellos y admiren tu obra maravillosa.

Cum Sanctus
Muéstranos tu misericordia, Señor;
Dónanos tu salvación.

Flores de Primavera, Kyoto, Japón

EL ORATORIO

El Drama en el Dominio de lo Subjetivo

SU FUENTE

El oratorio surge como un himno a las máximas ideas de la fe y de la imaginación. Lo acompañan: el drama de pasiones y el poema sinfónico de realización poética, así como la Cantata y la Misa. Estos son himnos a la divinidad como los otros son poemas a las pasiones humanas.

Pero nada iguala a la dignidad del Oratorio, porque, forjado en el texto de la tradición sagrada, trata de encontrar el sentido de las máximas angustias. Es la vida del Mesías como en las obras de Haendel y de Bach; es el dolor del último suspiro como en las misas de Réquiem de Mozart. Brahms y Verdi; es la Pasión de Jesús como en la Misa de Beethoven; son los hechos de los personajes bíblicos como Saúl, Israel, Juan Macabeo, Juan el Bautista y Elijah en las diestras Cantatas de Mendelssohn, Schubert, Liszt y otros; son los motivos como la oración en el Monte de los Olivos, La Redención, Las Siete Palabras, La Creación, El Paraíso Perdido en las sentidas frases de Haydn, Beethoven, Rubinstein, Gounod, Spohr, Sullivan, Mackenzing, Rossini, Elgar, Dvorak o Milhaud y el tema de la redención como en el Parsifal de Wagner; los que aparecen como temas de tan grandiosa forma musical.

Sin embargo, los Oratorios que más han llamado la atención han sido: "El Mesías" de Haendel, "La Pasión según San Mateo" de Juan Sebastián Bach, "El Réquiem" de Mozart, la "Missa Solemnis" de Beethoven, "Elijah" de Mendelssohn, "La Creación" de Haydn y el "Parsifal" de Beethoven. Los primeros hablan con el espíritu de la doctrina salvadora de la humanidad: El Réquiem es la oración profunda a la muerte, terrible enigma de la conciencia humana, el siguiente es la expresión profética del Antiguo Testamento y el último es la palabra jubilosa por la creación del universo y del hombre.

El origen del Oratorio es el mismo que el de la Opera, es decir, la polifonía vocal en su desarrollo de música recitada y de asuntos dramáticos. Fue Felipe de Neri en Florencia, allá por el año de 1515, al que se le ocurrió introducir música en sus conferencias religiosas en forma de himnos compuestos por Animuccia. En 1600 se estrena el primer oratorio "Representazione di Anima e di Corpo", en la iglesia de

Santa María, obra debida a Cavalieri, aun cuando puédese considerar como ópera sagrada por las representaciones objetivas que posee. Nace inmediatamente la Cantata con la prodigiosa melodía de Carissimi y Schutz. Obras que no eran representadas, para llegar a Juan Sebastián Bach, el coloso de la música, en que la Cantata adquiere proporciones de sublimidad, no sin antes encontrarnos con Buxtehude el organista más famoso de la Alemania de aquél entonces.

Carissimi hizo figurar al narrator y con ello consiguió eliminar todo lo aparatoso que existía en las obras de Cavalieri. Alessandro Scarlatti añadió el aria y además ennobleció el acompañamiento.

En Italia las dos formas: la Opera y el Oratorio nacen y salen fuera de ella. La Opera, especialmente a Francia, el Oratorio, con preferencia a Alemania.

El Oratorio en Italia está elaborado por la sensibilidad, ya se trate de un Cavalieri o de un Rossini; en cambio, en Alemania y en Inglaterra, el Oratorio habla a la inteligencia lo que acontece desde Schutz hasta Elgar.

Para Italia el Oratorio es un sentimiento de visión religiosa; para Alemania es una interpretación de aspiración individual, es una meditación religiosa que descubre el campo inmenso de la devoción.

En sus mejores épocas el Oratorio está representado por el "Mesías" de Jorge Federico Haendel. "La Pasión según San Mateo" y la "Misa en Si Menor" de Juan Sebastián Bach; "El Réquiem" de Mozart. "La misa en Re Mayor" y "El Cristo en el Monte de los Olivos" de Beethoven, "El Parsifal" de Wagner y el "Geroncio" de Elgar. Sólo destellos de este gran estilo encontramos en época reciente en Brahms con su "Réquiem Alemán", César Franck con "Redention" y "Beatitudes"; Saint Saëns con "El Diluvio" y el "Oratorio a Noel", Florent Schmitt con el salmo XLVI y Stravinsky con "Los salmos".

El verdadero Oratorio se inspira en un motivo religioso, en el aspecto místico que llena el alma de luminosidad beatífica. No basta la música de la corte, finamente labrada, exquisita y locuaz; no satisface la canción popular, expresión despreocupada de las multitudes, ni el Lied, ese bello recogimiento de la emoción humana; trátase de extender el espíritu al universo; de tomar, como lo hiciera Miguel Ángel, el espacio en la cúpula maravillosa de San Pedro, el dolor universal en las formas sublimes de Pietá, el arrebato por el acabamiento del mundo en el Juicio Final y la emoción prístina de la Creación del Mundo y de la Idea en los famosos frescos de la Capilla Sixtina.

La música religiosa siempre ha ocupado lugar preferente en el arte musical. Son los himnos antiguos, precristianos en que se impulsa el frenesí de las multitudes devotas. En el Occidente sólo desde el Canto Llano, la música religiosa tiene una gran significación. Todos recordamos que en el siglo IV San Ambrosio, Obispo de Milán, se interesa por recoger lo más granado de los cantos religiosos y dos siglos más tarde San Gregorio realiza la obra a perfección. La serie: Misa, Réquiem, Motete, Coral, son las formas magníficas que sirven para descubrir la religiosidad y la belleza musical más selectas.

El Oratorio consta de recitativos y Arias para voces, coros y números instrumentales. En los últimos años ya se incluye la obertura. Tiene como carácter específico la expresión colectiva de los sentimientos piadosos, así como la exposición de los motivos por los solistas.

Algunos autores han comparado al Oratorio con la Catedral en una forma objetiva: ven en los cimientos a la orquesta, en las paredes, contra fuertes y pilares, al coro; y en los ornamentos y todos los detalles que adornan a la catedral a los solos y solos concertantes. Fue en el siglo XVII cuando el Oratorio nace al contacto del espíritu luminoso que invade todas las artes con ardor y poder. Aquélla época en que Fray Luis de Granada y Fray Juan de los Ángeles entonan cánticos de Piedad, Calderón de la Barca hace representar las virtudes y los vicios, Milton describe la primera culpa y la pérdida de la felicidad, Bossuet amortaja con terciopelos y diamantes oratorios la vanidad humana; la idea triunfa en Spinoza a través del Amo Intelectualis Dei; y continuando la oración pictórica de los hermanos Van Eyck, que en la época del Renacimiento flamenco del siglo XV descubrieran a los ojos del mundo el prodigioso Retablo "El Cordero del Mundo Inmaculado", habíanse de presentar en colores y claro-obscuros las figuras magníficas de los Cuatro Evangelistas de Durero en el siglo XVI y las tormentosas tragedias de la redención de Zurbarán en el siglo XVII.

¿Cómo no era posible que la música no entonara himnos de grandiosidad en esta época cuando todas las artes habíanlo hecho llenando el ambiente de un espíritu majestuoso y trascendente? En realidad Haydn, lo mismo que Juan Sebastián Bach, Haendel, Mozart, Beethoven, Wagner, Bruckner y Stravinsky saben descubrir la plegaria del cosmos, el Cántico a un mundo siempre nuevo, olvidando las ingratitudes de los goces terrestres, las flaquezas de la vanidad y la lucha inútil por una vida efímera y fugaz.

Tokyo, Japón

EL MESÍAS

Oratorio de GEORGE FRIEDRICH HAENDEL

Oratorio de Haendel

Para comprender mejor la significación de estilo barroco en la música nada hay tan ilustrativo como analizar una de las obras de mayor profundidad; me refiero al magnífico oratorio de George Friedrich Händel. Obra realizada a mediados de siglo XVIII y que constituye posiblemente el monumento artístico más notable, que en materia de oratorio ha sido concebido. El espíritu profundamente religioso de texto en que se aprovecha la obra de Carlos Jennens que a la vez está inspirada en las bruñidas palabras de la Biblia; se acomoda perfectamente a la majestuosidad de la música de Händel que tiene ese ambiente ampuloso y magnífico que el barroco posee en su desbordamiento vital. En realidad la parte de orquesta es pobre pero el elemento vocal es riquísimo y tiene toda la gama de matices, de intensidades y de características que una obra de esa naturaleza debe poseer. Si compramos el Mesías de Händel con la Creación de Haydn encontramos en el último oratorio la frescura de la parte orquestal, llena de todas las bellezas que es posible traducir en los diversos timbres y manejos de los instrumentos de la orquesta.

En cambio en el oratorio de Haendel hay cierta limitación y sobriedad que sirve únicamente como fondo magnífico a tan exquisito colorido dado a las primeras figuras en claridad deslumbrante. El texto del Mesías es profundamente filosófico, no lleva ese aire de poesía que, en la Creación del Mundo de Haydn encontramos. Hay en cambio la amargura del castigo a la infamia y la dulzura de una voluntad deseosa de la felicidad de los hombres; la sentencia dura y enérgica de la inmolación y, a la vez, la voluntad firme para lograr la liberación del espíritu. Todo guarda proporción como las fugas que se desarrollan en severidad contrapuntística y las arias que sacan su fuerza de las sentencias bíblicas.

Si en un momento se anuncia el nacimiento de un hombre es con la clarinada que recuerda el dolor del pecado que va a redimirse en el propio dolor del Mesías. La misma Sinfonía Pastoral es rigurosamente serena y cadenciosa para no entregarnos la viveza de una naturaleza floreciente y rica de frutos. En cambio, los momentos más patéticos de la inmolación, el dolor máximo del sacrificio, resuenan en nuestra alma con una amplitud tal, que sólo la prosa de Fray Luis de Granada ha podido contener, que únicamente la pincelada de Zurbarán ha descubierto en lo sombrío de sus colores y en la languidez de sus cuerpos.

En el oratorio de Händel llegarase a entonar la filosofía de la eternidad del espíritu como no ha sido posible hacerlo en obra alguna. Hay la plenitud de la emoción que medita sobre la naturaleza de la vida y el significado de un más allá; no con el sollozo que tiene el Réquiem de Mozart, no con la profunda desesperación que guarda la Marcha Fúnebre de Beethoven; tampoco con la solemnidad trágica del Enterramiento de Siegfrido en el drama wagneriano; ni aún con la catastrófica orquestación de Ricardo Strauss en Muerte y Transfiguración. No es la voz del poeta ni del dramaturgo, no es la sensibilidad tierna, ni tampoco la rebeldía. Es aquella nota que se desprende solemnemente trágica cuando la angustia ha dominado el corazón del hombre. En ese encuentro que habla la filosofía existencial, que sólo es dable a quien ha poseído esa comprensión de dolor que Kierkegaard, ha podido desentrañar de sus propias meditaciones. Si un trozo de arte lleva más filosofía, es indudablemente el oratorio de Haendel sólo comparable en este sentido con la Pietá de Miguel Ángel, con la escultura del retablo de la Capilla Mayor de San Benito en Valladolid, hoy en el Museo de la propia ciudad, de Alonso Berruguete; con la oración y súplica luminosa del Greco, o con la sangre y la ilusión que brotan de los cuadros de Matías Grünewaldt en el famoso retablo de D'ysenheim.

Pero como en toda obra barroca, no se percibe la línea melódica del Canto Llano, la palabra simple pero profunda que tuviera la Pasión del Mesías en el modo Octavo. Requiere para su expresión de un mundo exuberante de sonoridades, timbres, formas, modulaciones; tal como en los relatos de las iglesias barrocas de Italia, España y de los palacios de Francia; tal como el gongorismo en la poesía, o el siluetismo en la vaporosa escultura de Bernini.

Oigamos el Oratorio de Händel con ese amor que el pueblo inglés le ha prodigado desde hace dos siglos, máxime desde el momento mismo en que fuera cantado en la Abadía de Westminster en el año de 1784, en que voces y orquesta formaron un conjunto de singular belleza. Ejecución primera, después de unos 40 años de haberse estrenado el oratorio, y que hizo exclamar a Burney: "Dante en su paraíso imaginó al mundo celestial y éste se ha presentado en este momento con todos los querubines, serafines, patriarcas, profetas, en una realidad que apenas se puede imaginar. La orquesta y el coro de la Abadía de Westminster parecieron ascender a las nubes y unidas a los santos y mártires representados en el vitral pintado en la ventana del Este, formaban el círculo celestial que jamás ha palpado la mente y el corazón del hombre"

EL SENTIDO DE LA OBRA

Es una de las columnas de la polifonía gótica en el pensamiento del cristianismo nórdico. Su análisis, después de su audición completa, nos dará la oportunidad de conocer ampliamente el género del oratorio, que durante algunos siglos fuera motivo de las más profundas creaciones.

En este Oratorio, referido a la vida del Mesías, encontraremos sucesivamente: la alegoría ingenua y desbordante; el sufrimiento de tragedia cruel y atormentador; el renacimiento de la fe en el instante mismo en que se palpa la iniquidad. En una palabra, la plenitud de la religiosidad en doctrina que contiene esencialidades humanas.

Tales son los momentos de vivencia espiritual que llegarán a nosotros para hacer descubrir nuestra propia humanización.

Pocos poemas de armonías musicales han brotado del corazón humano para llevar en cada una de sus frases los sentimientos más hondos de que es capaz el hombre. "El Mesías" de Händel sabe internarse en todas esas regiones y, a través de la destreza en el manejo de la fuga y de la armonía descubre cada vez más, que el clasicismo ajustado a cánones rigurosos, puede encontrar en la mente ordenada, en la inteligencia disciplinada, la manifestación más pura de todas las pasiones, las noblezas, las voluntades que se refugian en el sentimiento profundamente místico de una concepción de la vida embriagada de un bienestar supremo.

Al estudiar analíticamente el Oratorio "El Mesías", lleno de problemas contrapuntísticos y de técnicas en el manejo de las voces como forma clásica de la música polifónica, recuerda uno la Ética de Spinoza, en donde el filósofo por la razón pura supo saturarse de divinidad en el "Amo Intellectualis Dei" y el Tratado de la Angustia de Kiekergaard, en el que saturado el pensador del misticismo religioso nos entrega, por la intuición de esencias, el sendero de una nueva integración personal.

Por el camino de la razón el tratado de Spinoza llega a descubrir las pasiones. Y por esto Goethe estima que dicha obra tiene un contenido emocional aún más hondo que el que se encuentra en cualquiera obra de las que han procurado fundamentarse única y exclusivamente en la emoción. Por la angustia, la obra del filósofo danés, llega a la naturaleza del ser en un profundo estudio ontológico y a la del hombre en una visión nueva en interpretación cristiana.

Es el barroco que, cuando llega a su perfección, sabe adunar la forma al contenido, llevar el contrapunto aún más profundo que se refiere a una voluntad por expresarse y a la expresión prístina de la armonía. Es entonces cuando el arte reúne todas las manifestaciones espirituales del hombre en la unidad a que sólo ha llegado Homero en la poesía, Brunelleschi en la arquitectura, Rafael en la pintura y Händel, Bach y Mozart en la música.

Tokyo, Japón

PRIMERA PARTE DEL ORATORIO

a) Profecía embriagada de Ingenua e Inocente Alegría

"El Mesías" en su primer momento nos presenta el gozo de una profecía feliz. Hay un contenido de placer cierto e ingenuo. Es ese estupor que se experimenta al contemplar los cuadros de Fray Angélico en que, la dulzura de la línea y del color, no nos conduce a meditaciones dolorosas sino, por el contrario, nos recoge amorosamente en su seno para afirmar un mundo de tranquilidad y bienestar espiritual.

b) La obertura

La sinfonía prepara, por medio de una obertura en estilo fugado, a escuchar la magnífica relación de una de las doctrinas que han sabido transformar a la humanidad en su sendero de perfeccionamiento. Esta obertura empieza con una introducción en movimiento grave y el desarrollo de la fuga en un allegro moderato, nos descubre el anhelo y la esperanza de un mundo nuevo regenerado, y convertido según la palabra de Dios.

La primera parte del Mesías habrá de referirse a la profecía y para ello Händel va a aprovechar los textos más significativos del Antiguo Testamento. En las voces del tenor y del coro se anuncia la venida del Mesías; en las de la contralto y el coro el anuncio de que una virgen concebirá al Cristo redentor; en las del bajo y el coro la creación del universo y el mensaje de paz y purificación; en las del bajo y el coro la triste realidad de que el pecado reina sobre la humanidad pero que vendrá la luz radiante; la Sinfonía Pastoral ejecutada por la orquesta nos conduce a un momento de paz. La soprano y el coro, llenos de regocijo, nos relatan el nacimiento de Jesús y la felicidad que trae en su propio ser; y por último la contralto, la soprano y el coro harán mención a su obra que no es más que para la felicidad de los hombres.

A través de este oratorio encontraremos la forma polifónica de mayor severidad pero al mismo tiempo la forma armónica en su más exquisita manifestación. Es propiamente el paso del estilo clásico al barroco; es decir, del escueto contrapunto lleno de significación en cada una de sus partes, que muchas veces nos lleva a procesos esencialmente intelectualistas, se pasa a las situaciones emocionales en que lo substancial se auxilia de los adornos y del movimiento para imprimir en a intuición el sendero de una nueva comprensión de las formas y de la vida. El tránsito de la polifonía a la armonía en las obras de Händel y Bach, por ejemplo, se recuerda el sentimiento equilibrado y austero del contrapunto pero se acerca a la expresión vibrante de energía y de emoción del canto que en sí lleva el desarrollo armónico. Es esa síntesis que descubre la forma clásica de la línea y la forma barroca del adorno y del acompañamiento necesario y esencial.

c) La Fuga

La Fuga nos recuerda todavía la expresión gótica. Aquél anhelo que existiera en las Catedrales de fines de la Edad Media para significar el más potente suspiro por una bienaventuranza y la más penetrante inquietud por un mundo que se encuentra después de la muerte. Y es por ello que la fuga casi siempre será empleada para significar los momentos en que hay que levantar el espíritu sobre la profecía, el dolor, la ingratitud y todas las pasiones que rodearon la pasión del Mesías. Ella servirá para que el coro entone los himnos a la gloria del Señor que será revelada, a la purificación de los hijos de Leví, al mandato de llevar a todos los hombres la Buena Nueva, al regocijo porque un niño ha nacido y será llamado el Maravilloso, el Eterno, a la magnificación de la gloria de Dios en las alturas y al anhelo de paz en la tierra para los hombres de buena voluntad. Así también a ver el Cordero de Dios que lleva las riendas del mundo, a señalar la purificación en e dolor del Mesías, a confiar en Dios y entonar canto de victoria en momentos de resurrección, a acompañar a los ángeles en la adoración, a entonar alleluias para el Rey de reyes. Y aún más, a decirnos las más bellas palabras de profundidad sobre la muerte y sobre la vida para terminar con las bendiciones para el Cordero que ha sabido llevar una nueva purificación al género humano.

d) el Recitado

El Recitado en cambio se ilustrará en las palabras bíblicas para relatar hechos y llevar a veces ilusiones, otras amarguras y las más sentencias que duelen en el alma de los que palpan la tragedia del mundo. Y las ARIAS servirán para expresar el dolor y la alegría, las más sentidas oraciones pero también los más frenéticos arrebatos del hombre compenetrado de religiosidad.

Si la Primera Parte trata de la Profecía, la Segunda se refiere al drama y la Tercera a la filosofía que encarna en la vida del Mesías la Nueva Buena. Al llevarnos al drama encontraremos, por ejemplo, en el Recitado y en el Aria del tenor, cuando éste relata la incomprensión y el abandono que sufriera Jesús, la más trágica melodía que sólo pudo haber nacido de quien posee el sentimiento divino de la angustia y a la vez el anhelo de purificación. Al señalar la esencia de la filosofía nos hará meditar sobre el significado de la vida y la muerte, el amparo de la Divinidad para nuestras flaquezas e incertidumbres y la liberación del hombre en una entrega feliz a la Divinidad.

PRIMERA SECCION

Señalemos en primer lugar, después de haber oído la magnífica Obertura, el Recitado y el Aria del tenor, así como la primera participación del coro en la obra. Esta primera sección nos da a entender la Profecía sobre la venida del Mesías y está llena de optimismo y aún de piedad y perdón.

Sus palabras se inspiran en las profecías de Isaías, que nunca mejor ha sido interpretado en su pensamiento como por Víctor Hugo al decirnos:

"Isaías parece allá en las regiones superiores a la humanidad el rugido de un rayo continuo, la eterna protesta. Su estilo, especie de nube nocturna, se ilumina a cada paso con imágenes que enrojecen súbitamente todo el abismo de aquel pensamiento negro, haciéndonos exclamar: "¡Relampaguea!" Isaías se bate cuerpo a cuerpo contra el mal, que en la civilización comienza antes que el bien. Al ruido que producen los carros, las fiestas y los triunfos, dice: "¡Silencio!" La espuma de sus profecías desborda hasta en la misma Naturaleza; denuncia Babilonia a los topos y a los murciélagos, promete Nínive a las zarzas, Tiro a las cenizas, Jerusalén a la noche; fija un plazo a los opresores, declara a las naciones su muerte próxima, señala el fin de los ídolos, de las elevadas torres, de las naves de Tarso, de todos los cedros del Líbano de todas las encinas de Bazán. Se le ve de pie en el umbral de la civilización, negándose a entrar. Es una especie de boca del desierto hablando a las muchedumbres y reclamando, en nombre de las arenas, de las malezas y de los vientos, el lugar que ocupan las ciudades, porque es justo, porque el tirano y el esclavo, es decir, el orgullo y la vergüenza, existen en dondequiera que se ven recintos de murallas, porque el mal vive ahí, encarnado en el hombre, porque en la soledad no existe más que la fiera, mientras que en la ciudad existe el monstruo".

Pero Händel aprovecha las ideas de este enorme profeta que ya en tiempos tan lejanos advirtiera la llegada del Mesías para consuelo de su pueblo y para gloria del Señor.

Los textos los mencionaremos en inglés, porque en este idioma fue escrito el Mesías y no cabe duda que la traducción de la Biblia a ese lenguaje es de lo más exquisito que se ha hecho; en latín, porque supone una tradición profundamente meditada y por último en español para su mayor comprensión.

II. RECITADO. (Tenor). Larghetto e piano.
Isaías XL, 1, 2, 3.

"Comfort ye, comfort ye my people, saith your God; speak ye comfortably to Jerusalén; and cry unto her, that her warfare is accomplished, that her iniquity is pardoned.

The voice of him that crieth in the wilderness. Prepare ye the way of the Lord, make straight in the desert a highway for our God".

> Consolamini, consolamini popule meus, dicit Deus vester.
> Loquimini ad cor Jerusalén, et advócate eam; quoniam complete est maitia ejus, dimissa est iniquitas illius: suscepit de manu Domini duplicia pro omnibus peccatis suis.
> Vox clamantis in deserto: Parate viam Domini rectas facite in solitudine semitas Dei nostri.

Las palabras del tenor se inspiran en estos mismos versículos y exclaman:

"Consolaos, consolaos, pueblo mío, dice vuestro Dios. Hablad al corazón de Jerusalén y llamadla: Porque se ha acabado su afán, perdonada es su maldad: recibirá de la mano del Señor mayor bien a pesar de todos sus pecados".

"Voz que clama en el desierto: Allanad el camino del Señor con vuestras virtudes para poderle dar digno hospedaje en vuestros corazones, enderezad en la soledad las sendas de nuestro Dios".

III. ARIA. (Tenor). Allegro.
Isaías XL, 5

"And the glory of the Lord shall be revealed, and all flesh shall see it together for the mouth of the Lord hath spoken it".

Et revelabitur Gloria Dimini, et videbit omnis caro pariter quod os

Domini locutum est.

El coro, en movimiento allegro, lleva el júbilo de tan esperada profecía:

"Y la gloria del Señor será revelada y verá toda carne, al mismo tiempo, lo que habló la boca del Señor".

La sobriedad de la frase y el desarrollo de esta forma musical nos revelan, desde el primer instante la naturaleza óptima del Oratorio que va a desarrollarse.

COMENTO

La obertura del Mesías empezando con una introducción en movimiento grave nos previene sobre un acontecimiento sublime; y continuando la Fuga en un allegro moderato nos descubre el anhelo y la esperanza de un mundo nuevo regenerado y convertido según la palabra de Dios. Ahora la profecía habrá de ser bellamente expuesta en el oratorio.

Un nuevo aliento y una nueva vida han llegado con el Mesías. Consolaos, hablad al corazón de Jerusalén, tales son las expresiones que en impetuosa alegría llevan la Nueva al mundo. El perdón sigue a un corazón bondadoso, todos los bienes en cambio de los peores pecados. La voz que clama en la lejanía aconseja: aparejad el camino del Señor, es decir, allanad el camino quitando de él todas las maldades y los prejuicios por medio de la penitencia y las virtudes para poderle dar un digno hospedaje en el corazón. Todo lo inicuo, lo desigual, será allanado y aparecerá una paz beatífica en donde por símbolos los valles serán exaltados y las montañas y colinas aplanadas, lo torcido recto y los lugares ásperos, planos. Y es que la gloria del Señor se ha revelado y la materia y el universo sabrán oír la palabra del Señor.

Con estas magníficas sentencias, después de la Fuga magistralmente levada a cabo en la orquesta, el tenor en un Recitado, primero, y en una Aria después; y el Coro en forma fugada señalan, con el esplendor de la música, las sentencias que animan una nueva redención.

El Recitativo del tenor es una de las formas clásicas empleadas en los oratorios en donde uno de los personajes expone ante el público creyente el pasaje bíblico a que va a hacerse mención. Es la voz del tenor, la más dulce, la más serena, la que inicia el pasaje primero con la más bella profecía de Isaías al decirnos: Consolaos, consolaos, pueblo mío, dice vuestro Dios, a voz clama en el desierto anunciando la venida del Mesías y por ello hablad al corazón de Jerusalén y sumergiéndonos en la soledad y practicando las virtudes podéis hospedar en vuestros corazones la dicha que se avecina.

A continuación el mismo tenor, inspirándose en Isaías, en un andante lleno de unción entona el Aria para profetizar que todo será allanado, el mundo contemplará la igualdad de los hombres y lo áspero del camino se convertirá en el sendero fructífero de la nueva doctrina. Y he aquí, que para coronar la profecía el Coro aparece nos dice: La gloria del Señor será revelada. En un allegro lleno de vida se inicia éste himno magnífico en que el contrapunto aparece lleno de vitalidad. La fuga la inician los contraltos e inmediatamente las recogen las sopranos, os tenores y los bajos, y en fuerza de intensidad lega al clímax para señalarnos a magnificencia divina por medio del espíritu del arte. Al terminar se dice que "Dios ha hablado" y para darle solemnidad a esta frase se presenta el adagio más lleno de contenido.

Esta primera parte del oratorio nos ha mostrado, el aliento que una de las formas musicales tuvo cuando inspirándose en los más bellos pensamientos, supo internarse en la existencia de una nueva vida floreciente y magnífica.

Tres formas fundamentales hemos encontrado en este desarrollo: el Recitado de una voz que como forma intermedia entre la oración hablada y el canto se presenta; el Aria del tenor que desarrolla la voz con toda la magnificencia de la misma y la Fuga entonada por el conjunto tanto orquestal como orfeónico. Su empleo es magnífico. La Fuga orquestal inicia un gran acontecimiento lleno de esperanza y de propósitos. El Recitado lleva belleza en su contenido porque prepara a un mundo de más equilibrio y bondad; el Aria señala mayor belleza y justicia sobre los hombres y el Coro en fuga magnífica cierra el ciclo de la profecía con un himno a la gloria del Señor y una mención a la palabra divina.

A continuación se menciona la creación del universo y el mensaje de paz y purificación.

SEGUNDA SECCIÓN

Es entonces cuando la voz del bajo en recitado y aria para terminar en un nuevo coro fugado, se interna más en el corazón del hombre y exige de él la purificación para poder recibir el mensaje de paz.

Händel se inspira en los textos de dos profetas, Haggeo y Malaquías:

V. RECITADO. (Bajo). Andante.
Haggeo II, 6 y 7 Malaquías, III, 1

Al reproducir el texto en inglés, debo advertir que no se ajusta estrictamente a la versión bíblica, pues en muchas ocasiones, gracias a la interpretación de Charles Jennens, la frase adquiere mayor pulimento y el concepto mayor expresión.

"Thus saith the Lord of Hosts: - Yet once a little while and I will shake the havens, and the earth, the sea, and the dry land; and I will shake all nations, and the desire of all nations shall come".

"The Lord, whom ye seek, shall suddenly come to his temple, even the messenger of the covenant, whom ye delight in; Behold, He shall come, saith the Lord of Hosts".

El Recitativo del bajo, en movimiento andante, y reproduciendo los versículos 6 y 7 del capítulo III de las profecías de Haggeo y el versículo 1 del capítulo III de las profecías de Malaquías, nos dice:

"Porque así dice Jehová de los ejércitos: de aquí a poco haré temblar los cielos y la tierra, la mar y la seca".

"El Señor, a quien tú buscas, llegará. He aquí que yo envío mi mensajero, el cual preparará el camino delante de mí: y luego vendrá a su templo el Señor a quien vosotros buscáis y el ángel del pacto a quien deseáis vosotros".

A continuación, el Aria se inspira en el segundo profeta; pero antes de enunciar el texto, reproducimos la primera frase del Recitativo del bajo:

VI. ARIA. (Bajo). Larghetto. Prestissimo.
Malaquías III, 2.

"But who may abide the day of His coming, and who shall stand when He appeareth?"

"For He is like a refiner's fire...."

Ciertamente, es de un carácter intenso el Aria que dice:

"¿Y quién podrá sufrir el tiempo de su venida? ¿Quién podrá estar cuando Él se muestre? Porque Él es como fuego purificador".

Estas enérgicas frases son reproducidas en estilo Pastoral Siciliano exquisito.

Por último, en un alegro vivace el coro entona el versículo tercero del capítulo tercero de las profecías de Malaquías para decirnos:

VII. CORO. Allegro.
Malaquías III, 3.

"And He shall purify the sons of Levi that they may offer unto the Lord an offering in righteousness".

"El purificará a los hijos de Leví, que puedan ofrecer al Señor un holocausto de justicia".

En realidad el empleo de la voz del bajo es admirable pues estas sentencias son enérgicas y altamente expresivas. Ya no es la voz de aliento y de perdón, sino la voz de reproche y de severa contrición. El Coro nuevamente llevará un himno inicial a la purificación.

COMENTO

En esta forma se anuncia en un Recitado la transformación del mundo pero al mismo tiempo la llegada del Mesías y la purificación del género humano. Purificación que sólo se consigue en el holocausto de la justicia, en el señalamiento de una vida llena de sincero arrepentimiento. El Recitativo del bajo: "Así dijo el Señor", se pronuncia en un movimiento andante con la palabra llena de majestad pero a la vez suficientemente ornada para darle un ambiente de mayor fuerza. Su texto se inspira en las palabras de dos profetas, Hageo y Malaquías, quienes saben internarse en la aparición de un nuevo mundo forjado en la mente de quien siente el gran destino de la purificación. El Aria para el bajo, cuyo texto está inspirado en las palabras de Malaquías, con movimiento lento y con palabra robusta y hasta tenebrosa lleva a los hombres el temor por sus pecados y villanías". ¿Quién puede esperar el día de su venida si lleva en su espíritu el pecado y la perdición? "Porque Él es como fuego de purificación". Esta última frase es dicha en un movimiento prestissimo para darle mayor intensidad.

Es una de las más bellas arias en que la música se ajusta al contenido de la palabra y, si por un lado se muestra severa y condenatoria, a continuación descubre a través de una imagen violenta, el arrebato de la purificación. Nos recuerda esta sentencia la tradicional ordalía en que por medio del fuego los iniciados se purificaban. Práctica lejana en el antiguo Oriente que ahora se menciona para los hijos de Leví y en general para todo el género humano.

Es entonces cuando el Coro señala el ofrecimiento de justicia a la Divinidad y con ello la purificación de los hombres. En un Allegro magnífico la soprano inicia la fuga con el motivo más sorprendente por su amplitud y desarrollo. A continuación el bajo recoge la respuesta, continúa el tenor, para seguir la contralto y llegar a todos los desarrollos propios de una fuga perfectamente equilibrada. El texto de Malaquías es admirablemente aceptado para esta parte.

TERCERA SECCIÓN

A continuación se va a hablar de algo delicado y sublime: La concepción del Cristo en que el todo de la obra cambia absolutamente. Ya no es la fuerza y el ímpetu de una justicia aterradora, ya no es la purificación por medio del fuego ni tampoco el deslumbrante aparecer de la gloria del Señor; es la voz que nos relatará como una virgen concebirá a su hijo y aparecerá en todo el firmamento las más dulces melodías que entonen esta bella Nueva.

Es la voz de la contralto la que inicia e Recitativo diciendo: "Ved, concebirá una virgen y dará un hijo". Se inspira este recitativo en la voz profética de Isaías y en la confirmación religiosa de San Mateo. Lentamente será dicho pero con todo el arrobamiento de un momento plácido y tierno. Se oye a continuación el aria de la contralto llena de felicidad y en ese momento acompañada del Coro que alegremente y en fuerza de expresión, aconseja a los hombres levantar su espíritu porque la luz va a venir y la gloria del Señor estará sobre los hombres. Todo se desarrolla en un movimiento andante, sobre la inspiración de las palabras de Isaías y en lo que respecta al coro en un contrapunto perfectamente llevado, terminando la orquesta con la mayor alegría.

VIII. RECITADO. (Contralto)
Isaías VII, 14
San Mateo I, 23

"Behold, a virgin shall conceive, and bear a Son, and shall call his name EMMANUEL, God with us".

El Recitado de la contralto se inspira nuevamente en la profecía de Isaías, que dice:

"Ved. He aquí que concebirá una virgen y parirá un hijo y será llamado Emmanuel".

Así como también en el capítulo primero, versículo veintitrés del Evangelio de San Mateo que relata:

"Que declarado es: con nosotros Dios".

A continuación el aria de la contralto así como el Coro se inspiran en el versículo noveno del capítulo cuarenta de Isaías y en un andante magnífico ella empieza diciendo:

"Sube sobre un monte alto, tú que evangelizas a Dios: alza tu voz con esfuerzo, tú que evangelizas a Jerusalén: álzala, no temas. Di a las ciudades de Judá: Ved aquí a vuestro Dios".

"Levántate, Oh pueblo, porque tu luz va a venir y la gloria del Señor está sobre ti".

IX. ARIA. (Contralto) y Coro Andante
Isaías XL, 9

"O thou that tellest good tidings to Zion, get thee up into the high mountain; O thou that tellest good tidings to Jerusalén, lift up thy voice with strength; lift it up, be not afraid; say unto the cities of Judah, Behold your God!"

"Arise, shine, for thy light is come, and the glory of the Lord is risen upon thee".

Super montem excelsum ascende tu, qui evangelizas Sion: exalta in fortitudine vocem tuam, qui evangelizas Jerusalén: exalta noli timere. Dic civitatibus Juda: Ecce Deus vester

COMENTO

La anunciación del Mesías está descrita en el Evangelio de San Mateo: Ecce, virgo illa erit gravida, et pariet filium, et vocabis nomen ejus Emmanuel. El nuevo ser llevará el nombre de Emmanuel, quiere decir con nosotros Dios, o en hebreo Nghimmanuel. Es de una fuerza extraordinaria este grito de gozo y de fe.

A continuación se recordará nuevamente el pecado pero a la vez la regeneración de la humanidad, pero esta nueva frase del oratorio dicha por el bajo y el coro corresponderá a una nueva emoción en que se hará ver como la voz divina brillará a pesar del pecado que reina sobre la tierra.

CUARTA SECCIÓN

El bajo en una adelante larghetto vuelve a inspirarse en las palabras proféticas de Isaías y pronuncia el Recitado:

X. RECITADO. (Bajo con acompañamiento). Andante larghetto
Isaías XL, 2 Y 3

"For, behold, darkness shall cover the earth, and gross darkness the people; but the Lord shall arise upon thee and His glory shall be seen upon thee and the Gentiles shall come to thy light and kings to the brightness of thy rising".

Populous, qui ambulabat in tenebris, vidit lucem magnam: abitantibus in regione umbrae mortis, lux orta est eis. Multiplicasti gentem, et non magnificasti laetitiam. Laetabuntur coram te, sicut qui laetanturin messe, sicut exultant victores capta praeda, quando dividunt spolia.

"Porque, ved, la obscuridad ha cubierto a la tierra; las tinieblas a la gente; pero el Señor se levantará sobre ti y su gloria será vista por ti".

"Los gentiles vendrán a su luz y los reyes levantarán la vista al resplandor de su aparición".

Inmediatamente, en un energético larghetto y con la más bella melodía será entonada el área por el bajo que dice:

XI. ARIA. (Bajo) Larghetto
Isaías IX, 2

"The people that walked in darkness have seen a great light: and they that dwell in the land of the shadow of death, upon them hath the light shined".

"El pueblo que andaba en las tinieblas, vio una grande luz: a los que moraban en la región de la sombra y de la muerte les ha dado desde este instante la luz más brillante".

En forma siempre energética y apasionada se menciona esta profecía pero debe procurarse que la voz conserve siempre la intensidad del piano para darle mayor fuerza y solemnidad. Es un pasaje de interés enorme por sus modulaciones características.

Es notable la intensidad con que la orquesta inicia esta Aria y los magníficos unísonos que se reproducen.

Inmediatamente el coro, en un andante allegro, entona un himno magnífico lleno de todo el optimismo posible y en forma fugada. El tema lo enuncia la soprano, el desarrollo lo siguen el tenor, la contralto y por último el bajo. El texto se inspira también en Isaías que nos dice:

XII. CORO. Andante allegro
Isaías IX, 6

"For unto us a Child is born, unto us a Son is given, and the government shall be upon His shoulder: and His name shall be called Wonderful, Counsellor, the Mighty God, the Everlasting Father, the Prince of Peace".

> Et vocabitur nomen ejus, Admirabilis, Consiliarius, Deus, Fortis, Pater futuri saeculi, Princeps pacis.

"Para nosotros ha nacido un niño, un hijo se nos ha dado y el principado ha sido puesto sobre sus hombros: y será llamado por el nombre de Admirable, Consejero, Dios, Fuerte, Padre del siglo venidero y Príncipe de la Paz".

Este bellísimo texto es de lo más selecto de las profecías del Antiguo Testamento. Los nombres que se atribuyen al Mesías tienen cada uno un significado profundo. Admirable, por la unión hipostática y las maravillas que obran sobre la tierra; así como Padre de la Eternidad si traducimos el texto directamente del hebreo. Las partes intermedias ejecutadas por los violines son de una magnífica elegancia y contrastan con las sublimes llamadas que la masa coral hace en honor al Mesías. La armonía llena de luz muere en la lejanía en medio de una vaporisidad que se extingue.

En realidad hemos llegado a un momento cumbre en que la palabra profética se ha realizado y en que, a pesar de todos los dolores, tenemos la esperanza y la fe más absoluta.

Es de notarse como casi siempre los recitados son aprovechados para relatar un hecho de gran significación; las Arias nos llevan el consuelo con su bella melodía y los conjuntos corales saben aprovechar admirablemente la fuga para llevar siempre el anhelo al infinito como la catedral gótica que lo supiera realizar

Su desarrollo en estilo barroco nos hace meditar profundamente acerca de la belleza del arte que dominara a la Europa de 1600 a 1750 para entregarnos la hermosa cúpula de San Pedro que proyectara Giacomo della Porta, el hermoso palacio de Zwinger con espíritu germánico, la magnífica capilla de Nuestra Señora del Pilar en Zaragoza de alma española y la siempre admirada escultura de Santa Teresa en Éxtasis de Bernini.

QUINTA SECCIÓN

Para dar un reposo a este desarrollo que se ha referido a la profecía y a la vez a la iniciación de una nueva idea en el mundo, aparece la Sinfonía Pastoral para cuerdas, que es un remanso lleno de belleza y de pulcritud. En un larghetto y en una forma la más sencilla, dejando a un lado la estructura fuguística nos habla este trozo musical de un consuelo y a la vez bienaventuranza del espíritu. En mezzo piano con unos pequeños brotes de intensidad, pero más bien tendiendo a las sonoridades delicadas se desarrolla este bellísimo pasaje, para que inmediatamente continúe la narración de tan significativo acontecimiento.

Es delicioso el remanso espiritual que esta Sinfonía Pastoral nos entrega, las cuerdas llevan su canto apasionado en un ritmo acogedor, se enlazan sus voces en un contrapunto sereno y diáfano y distinguimos los estilos pastorales que Scarlatti imprimiera en Variaciones y que llegaran a dominar al alma trágica pero anhelosa de reposo del creador de las Nueve Sinfonías.

Con este espíritu podemos comprender emotivamente los Recitados de la soprano que nos describirán la vida pastoril y la anunciación del Mesías a seres ingenuos y llenos de la primitividad de la vida que es lozanía de candidez e intuición de esencia.

SEXTA SECCIÓN

Una serie de Recitados ejecutados por la soprano para terminar con un magnífico deslumbramiento de la masa coral se nos va a dar. Estos momentos no tienen el menor sentimiento doloroso, son la expresión de un mundo tranquilo y sereno en que las palabras de San Lucas llevan al arrebato de la fe en el alma sencilla de los hombres que palpan la naturaleza desde el momento en que la aurora anuncia el día hasta el instante en que las estrellas hablan a la conciencia del misterio en las regiones insondables del cosmos. Y nada más hermoso que termine este bello pasaje con el himno que el coro entona para decir: Gloria a Dios en las alturas y paz en la tierra a los hombres de buena voluntad. Mensaje éste que es toda una revelación a través de los siglos pues señala la magnificencia de la Divinidad y a la vez el bien de los hombres en esa paz que sólo se consigue cuando llevan en su alma el don sublime de la buena voluntad.

Los Recitados de la soprano son los siguientes:

XIV. RECITADO. (Soprano)
San Lucas II, 8

"There were shepherds a biding in the field, keeping watch over their flocks by night".

"Y había pastores en la misma tierra, que velaban y guardaban las vigilias de la noche sobre su ganado".

Tres Recitados exclaman:

"And lo!The angel of the Lord came upon the, and the glory of the Lord shone round about them, and they were sore afraid".

"Y he aquí el ángel del Señor vino sobre ellos, y la claridad de Dios los cercó de resplandor; y tuvieron gran temor".

XV. RECITADO. (Soprano) Andante.
San Lucas II, 9

"And the angel said unto the, Fear not; for, behold, I bring you good tidings of great joy, which shall be to all people".

"For unto you is born this day in the city of David a Saviour, which is Christ the Lord".

"Más el ángel les dijo: No temáis, porque he aquí os doy nuevas de gran gozo, que será para todo el pueblo: Que os ha nacido hoy, en la ciudad de David, un Salvador, que es Cristo el Señor".

Y siempre con delicada voz, sin exclamaciones, relata la soprano:

XVI. RECITADO. (Soprano). Allegro.
San Lucas II, 13

"And suddenly there was with the angel a multitude of the heavenly host praising God, and saying:"

"Y repentinamente apareció junto al ángel una multitud de ejércitos celestiales que alababan a Dios y decían:"

Introducción o anuncio de lo que el corazón humano va a expresar inmediatamente. En todo este desarrollo preliminar la voz de la soprano es deliciosamente apasionada, va de un andante hasta un allegro y deja en suspenso su última palabra para que el coro entone el himno.

XVII. CORO. Allegro.
San Lucas II, 14

"Glory to God in the highest, and peace on earth, good will towards men".

"Gloria a Dios en las alturas y paz en la tierra a los hombres de buena voluntad"

El tema melódico de la fuga es vigoroso y contrasta con el enunciado de la masa coral que debe señalarse con recogimiento y casi en piano para decir que la Gloria de Dios y la paz a los hombres dominarán desde este momento, aun cuando se produzcan estas sentencias con toda la fuerza de la convicción en un segundo instante.

Sin tener la forma de fuga al principio, y al final en que las formas armónicas son magníficas, es de notarse que los contrastes en el desarrollo de la fuga son únicos en su efecto y en su intención.

SÉPTIMA SECCIÓN

Hemos llegado a otro momento cumbre en que la vida ha alcanzado su máxima comprensión y en donde la nueva moral deja al espíritu embriagado de lo que significa la buena voluntad.

Es entonces cuando la soprano entona un canto de alegría al decirnos, en un allegro, las bellas expresiones de Zacarías:

XVIII. ARIA. (Soprano).
Zacarías IX, 9 y 10

"Rejoice greatly, O daughter of Zion; Shout, O daughter of Jerusalén: behold, thy king cometh unto thee".

"He is the righteous Saviour, and He shall speak peace unto the heathen".

"Regocijaos grandemente, oh tú, hija de Sion; da voces de júbilo, hija de Jerusalén. He aquí que tu rey viene hacia ti, es el justo Redentor, y El habla de paz a todos los hombres".

Aria difícil y brillante, cuya melodía es extremadamente delicada y llena de adorno como el barroco en su forma más concentrada.

Contrastando con la voz de la soprano, la contralto anuncia los bienes que traerá el Mesías.

XIX. RECITATIVO. (Contralto)
Isaías XXXV, 5 y 6

"Then shall the eyes of the blind be opened, and the ears of the deaf unstopped; then shall the lame man leap as an hart, and the tongue of the dumb shall sing".

"Entonces serán abiertos los ojos de los ciegos para que vean la verdadera luz, ya que están privados por la ceguedad y las tinieblas de la idolatría, en que se hallan sumergidos; y serán abiertos los oídos de los sordos. Entonces el cojo saltará como el ciervo (porque los miembros serán fortalecidos para correr ligeramente por el camino de los divinos mandamientos hasta llegar a la bienaventuranza) y la lengua de los mudos cantará porque serán cavadas (como Moisés lo hizo) aguas en el desierto y torrentes en la soledad. Y la que era seca se mudará en estanque y la sedienta en fuente de aguas. En las moradas, en donde antes habitaban dragones, nacerá el verdor de la caña y del junco. Y habrá allí senda y camino, y se llamará camino santo".

De estas bellas sentencias Händel sólo aprovecha la primera parte.

XX. ARIA. (Contralto). Larghetto.
Isaías XI, 11. San Mateo XI, 28, 29.

"He shall feed His flock like a shepherd; and He shall gather the lambs with His arm, and carry then in His bosom, and gently lead those that are with young".

"El alimentará a su rebaño como un pastor y a las ovejas las llevará a un seno".

Aria hermosa y delicada aprovechando el estilo pastoral.

La soprano vuelve nuevamente a terciar en el aria de la contralto, e inspirándose en las palabras de San Mateo XI-30, y en movimiento allegro nos dice:

"Come unto Him, all ye that labour and are heavy laden, and He shall give you res

"Take His yoke upon you, and learn of Him; for He is meed and lowly of heart: and ye shall find rest unto your souls".

"Venid a Él y dejad vuestras labores y pesadas cargas. Él os hará reposar. Tomad su yugo sobre vosotros y aprended de Él que Él es manso y humilde en el corazón y entonces hallaréis reposo para vuestras almas".

Al terminar en pianissimo aparece la luz que el coro nos trae una fuga complicada y extremadamente ligera.

XXI. CORO. Allegro.
San Mateo XI, 30

"His yoke is easy and His burthen is light".
"Su yugo es apacible y su carga ligera".

En esta forma termina la primera parte del oratorio que nos hace gozar la felicidad que trae la doctrina del Mesías para señalar una íntima comunión entre el espíritu del Señor y el alma de los hombres. Ha sido una serie magnífica de emociones siempre en el campo de la esperanza y de la fe. Su estructura ha aprovechado la forma melódica así como la polifónica y aún más y mejor expresado, la armónica. En ocasiones tiene la severidad del contrapunto a través de la más escueta forma fuguística; en otras es apasionadamente bella la armonía dejando al descubierto la voz que clama y que suspira. Los himnos rematan las más bellas expresiones y los más intensos momentos y todo hace esperar un mundo nuevo en que el sacrificio no será inútil y la palabra de Dios será oída en todas las conciencias.

Ciertamente nos hemos alejado del estilo clásico de la monodia Gregoriana, de aquella expresión que por sí sola lleva en cada frase un sentido profundo de beatitud. Así también, ya no estamos en el dominio del gótico que extraña infinitud y perpetuo anhelo. El contrapunto severo que nos encauza en sus varias voces más a la inteligencia que al corazón ha desaparecido también.

Ahora así como en la arquitectura barroca las columnas se retuercen y no sirven de sostén, los arquitrabes se curvan y las figuras sirven de soportes y los decorados internos llevan una magnificencia exuberante; así también encontraremos como la melodía es expresiva y a la vez llena de adornos; el encaje que dibuja en la voz no tiene la necesidad de los temas contrapuntísticos pero en cambio nos recuerda la vida y la elegancia que existiera más tarde en los palacios de Nymphenburg y de Zeughaus, a través del barroco alemán, del interior soberbio de la Iglesia de Santa Inés en Roma o de las galerías de los Espejos en el famoso palacio de Versalles. Es la voz solitaria que preludia siempre los corales magníficos de alabanza tal como aconteciera con las vistas de los más bellos jardines en los palacios del barroco.

La línea melódica se tuerce, revolotea alrededor del motivo como lo hiciera el sentido táctico de un Bernini o la pincelada vigorosa de un Rubens. Aún la misma fuga no siempre lleva la sobriedad que en un principio tuviera dentro del campo de la polifonía pura, tiene nuevas perspectivas, goza de virtuosismos con las pinturas de Caravaggio o de Pozzo, o a las penetrables obscuridades de ese magnífico del color Rembrandt van Rijn.

La frase cortada de los Recitados corresponde a los entablamientos y frontones que se rompen para dar lugar a las estatuas de santos, que en este caso son las palabras bíblicas de gran significación.

En las Arias hay la decoración propia del estilo barroco; los capiteles jónicos, corintios y compuestos muestran la belleza de sus líneas y a la vez dan realce a las cornisas de magníficas galanuras. El límite se pierde, la perspectiva tiende hacia el fondo, la claridad es relativa y el motivo siempre se presenta como la semilla envuelta en la esplendidez de pétalos de mil colores y de pistilos que como enramaje de fantasía, rematan en puntos de oro y piedras preciosas.

Los coros son las cúpulas que inspiradas en nuevas concepciones cósmicas tratan de elevar una plegaria a la Divinidad coronando el enramaje de la fantasía y la sutileza de la emoción.

El siglo XVIII corresponde al máximo esplendor del estilo barroco. Había pasado su época primitiva que inmediatamente después del Renacimiento apareciera en Italia. Y es que en ese instante de la Historia se anhela la libertad que había decaído en el estilo clásico del Renacimiento y es por ello que viene la obra escultórica de carácter indeterminado de Bernini, después de la severa de Donatello; Maderna prolonga la nave central de la Iglesia de San Pedro, como para salirse de la clásica simetría y Miguel Ángel concibe y realiza la cúpula como una mundividencia de asombrosa vitalidad.

El arte musical de Haendel, plenamente realizado en el oratorio también nos recuerda los momentos del barroco en la Francia. Fue la época en que los Luises aprovechan el genio de sus máximos arquitectos para elevar los palacios de Versalles y de Sanssouci; la Iglesia de los Inválidos; y en la Alemania, con el mismo espíritu, se construyen las residencias palaciegas forjadas en las imaginaciones de Erlach, Hildebrandt, Effner, Pöppelmann y Schlüter.

Indudablemente el espíritu barroco invade a España para llegar al Churriguera con las obras de Ventura Rodríguez; se construye el Panteón del Escorial, y las magníficas iglesias de San Isidro en Madrid y de San Juan Bautista en Toledo. Y los artistas como Cano, Ximénez, Donoso, Rivera y otros saben interpretar el mismo estilo de virtualidad pero es sobre todo Tomé que presenta a la maravilla de la inteligencia en transparente de la Catedral de Toledo y la fachada de la Universidad de Valladolid.

Y así como la arquitectura muestra un mundo nuevo de vivencias estéticas, la escultura adquiere vuelos en el cincel berlinesco de Schlüter, tragedia en los Cristos de Hernández de Valladolid; serenidad clásica en los retablos de San Isidro del Campo y San Leandro, obras de Juan Martínez Montañés en Sevilla. La pintura crea horizontes de profunda significación. Es Tiepolo, el más exquisito pintor veneciano del siglo XVIII; es Poussin con sus motivos clásicos y Watteau con sus idilios de fantasía, y es sobre todo Velázquez con el realismo en el retrato, Murillo con el místico lenguaje de colores y formas, el Españoleto con el goce cruel en los martirios y Zurbarán con las notas fúnebres de los dolores de la Pasión; los que contrastarán en el arrebato del estilo pintoresco con la exuberante pintura flamenca de un Rubens y los estados elegiacos de un Van Dyck; y con la pintura holandesa que sabe del humorismo de Frans Hals de Haarlem y de la magia del color de un Rembrandt.

Y este mundo, que busca nueva vitalidad, fortalece el arte musical de Händel y Bach; especialmente del primero que sabe conducirlo por los senderos del adorno y de la fantasía, para elevar en sus Arias los cantos apasionados de la revelación y de la fe y en sus Coros las plegarias, ricamente ornamentadas, a la Divinidad en instantes de suprema piedad.

Tokyo, Japón

SEGUNDA PARTE DEL ORATORIO

TRAGEDIA Y FORTALEZA EN LA FE

Pero a la pintura de un Benozzo Gozzoli, ingenuamente descriptiva; o de un Botticelli, panteístamente amorosa; y a los bajos relieves, sutilmente policromados de Luca della Robbia; ha de enfrentarse la tenebrosidad del dolor, la despiedad del sacrificio, como lo hiciera en magnífica forma Van der Wayden en sus motivos patéticos o Rembrandt, cuyos obscuros tiene las luminosidades más sugerentes y descubren símbolos que sólo hombres geniales son capaces de encontrar en las profundidades de las grutas de la naturaleza en donde la luz solar no ha llegado jamás o del espíritu en que la conciencia no ha podido penetrar.

La tragedia preséntase con todo su dolor en la segunda parte de "El Mesías".

El Coro entona las palabras:

XXII. CORO. Largo.
San Juan I, 29

"Behold the Lamb of God, that taketh away the sins of the world".
"He aquí el Cordero de Dios que quita el pecado del mundo".

Ya no es la entrega risueña y el himno jubiloso que ha poco tiempo oyéramos, es la voz resignada de un futuro sacrificio, es la entrega de una gota de bondad en un mar de pasiones y pecados.

El texto corresponde al Evangelio de San Juan. Sabemos bien que es el de mayor contenido filosófico, su pensamiento es profundo y su intuición sorprendente. Recordemos, por un momento, algunas de sus sentencias, que son brillantes pulidos que a través de toda Historia siempre llevarán la enseñanza de una fe y la revelación de un nuevo sendero. "En un principio era el Verbo, y el Verbo era con Dios y el Verbo era Dios", palabras que se acercan a su texto en latín pero que también recuerdan en texto griego en que la palabra Verbo corresponde al concepto de profunda significación filosófica, es decir al Logos. "Y la luz en las tinieblas resplandece; mas las tinieblas no la comprendieron". "En el mundo estaba y el mundo fue hecho por El; y mundo no le conoció". "Yo soy la voz del que clama en el desierto". "En verdad, en verdad os digo, que el que no naciere de agua y del espíritu, no puede entrar en el reino de Dios". "Lo que es nacido de la carne, carne es; y lo que es nacido del Espíritu, Espíritu es". "Y esta es la condenación: porque la luz vino al mundo y los hombres amaron más las tinieblas que la luz". "En realidad no da Dios el espíritu por medida". "El que ama la vida, la perderá; y el que aborrece su vida en este mundo, para vida eterna, la guardara". Expresiones que guardan un sentido esotérico y que corresponden a una verdadera filosofía de revelación.

El Coro desarrolla la fuga en un movimiento largo y solemne. Inicia esta forma la contralto para continuar el desarrollo la soprano, el bajo y el tenor. El Coro no tiene el bullicio y la alegría que le hemos oído anteriormente, pero en cambio señala un mundo nuevo de doctrina en el sendero de la Historia. Parece la imagen que reprodujera Van Eyck en su maravillosa obra sobre el Cordero del mundo y su adoración, es una imagen dulcemente religiosa como la fuerza que lleva la ternura, como el poder que entraña el símbolo del ser más dócil y a apacible.

Pero inmediatamente la voz de la contralto, siguiendo el mismo movimiento largo, nos hace recordar el principio del a tragedia. Es un aria profundamente expresiva en que las notas del pesar golpean nuestro corazón con fuerza inaudita.

XXIII. ARIA (Contralto). Largo.
Isaías III, 3, 6.

"He was despised and rejected of men: a man of sorrows, and acquainted with grief".

"Fue El Mesías rechazado y vejado por los hombres".

La voz encarna la descripción de la impiedad, la incomprensión para las buenas nuevas que en las palabras proféticas de Isaías llevan angustia profunda:

"Fue despreciado, y como el postrero de los hombres, varón de dolores, supo de trabajos; y fue escondido su rostro y despreciado, por lo que no hicieron aprecio de él". "En verdad tomó sobre sí nuestras enfermedades, y cargó con nuestros dolores; y nosotros le reputamos como leproso, herido de Dios y humillado. Mas Él fue llagado por nuestras iniquidades, quebrantado por nuestros pecados: el castigo para nuestra paz fue sobre Él y con sus cardenales fuimos sanados".

En este instante el Coro, en tres partes sucesivas, nos conduce a un estado de contrición profundamente doloroso:

XXIV. CORO. Largo y staccato.
Isaías LIII, 4 y 5.

"Surely He hath borne our griefs, and carried our sorrows; He was wounded for our transgressions; He was bruised for our iniquities; the chastisement of our peace was upon Him".

"Seguramente Él nació para redimir nuestros males, y ha llevado nuestros pesares. Fue herido por nuestras traiciones e iniquidades y el dolor que supo llevar sobre Él ha traído nuestra paz".

XXV. CORO Alla breve. Moderato.
Isaías LIII, 5.

"And with His stripes we are healed".
"Y con sus pesares nosotros estamos salvados".

XXVI. CORO. Allegro.
Isaías LIII, 6.

"All we like sheep have gone astray; we have turned everyone to his own way; and the Lord had laid on Him the iniquity of us all"

"Todos nosotros como ovejas nos extraviamos, cada uno se desvió por su camino; y cargo el señor sobre Él la iniquidad de todos nosotros".

Los textos latinos de estas dolorosas frases dicen:

> Despectum, et novissimum virorum, virum dolorum, et scientem infirmitatem: et quasi absconditus vultus ejeus et despectus, unde nec reputavimus eum.
> Vere Languores nostros ipse tulit, et dolores nostras ipse portavit: et nos putavimus eum quasi leprosum, et percussum a Deo et humiliatum.

Ipse autem vulneratus est propter iniquitates
nostras, atritus est propter scelera nostra:
disciplinapacis nostrae super eum, et livore
ejus sanati sumus.
Omnes nos quasi oves erravimus, unusquisque in viam suam
declinavit: et posuit Dominus in eo iniquitatem omnium
nostrum.

La primera parte en un movimiento largo e staccato firmemente el coro trata de llevar a nuestro espíritu la iniquidad que sufriera el Mesías. En un desarrollo uniforme y en intensidad de fuerte, moviéndose en un sentido armónico nos relata la máxima injusticia.

En la segunda sección, el mismo coro en un movimiento alla breve, ya con menos intensidad, y en forma fuguística para terminar en un amplio adagio nos hace partícipes de la esperanza en la salvación. Los alardes armónicos de magnífico efecto que tuviéramos en la primera parte ahora se han tornado en estilo fuguístico escrito a capella sobre un tema verdaderamente magnífico.

Y la tercera parte se desarrolla en un allegro moderato, con intensidad y apasionamiento. La fuga que contiene es vibrante y alterna las voces en forma bellísima. La inicia la soprano y continúan la contralto, el tenor y el bajo.

En el último momento termina con un adagio, tal vez para llevar al corazón de los hombres la comprensión del sufrimiento y de la resignación del Mesías por el bienestar y la felicidad del género humano.

Pero no bien hemos oído estos coros que aprovechando las formas armónicas y polifónicas nos han señalado el camino del dolor, vamos a oír las frases más terriblemente dolorosas que han sido escritas en la música de todos los tiempos. Para llegar a este momento sublime, el tenor en movimiento larghetto, dolorosamente nos dirá:

XXVII. RECITATIVO. (Tenor). Larghetto.
Salmo XXII, 7.

"All day that see Him, laugh Him to scorn, they shoot out their lips, and shake their heads, saying:"

"Todos los que le vieron se sonrieron con desdén, abrieron sus bocas y sacudiendo sus cabezas, dijeron:"

XXVIII. CORO. Allegro.
Salmo XXII, 8.

"He trusted in God that He would deliver Him; let Him deliver Him, if He delights in Him".

"Envíese a Jehová, sálvele Él, puesto que en Él se complace".

Es el único Coro que no lleva un himno sino un desprecio, que no siente el poder de la fe sino que le perturba su propia impotencia. En estilo fugado, no se inicia por las voces agudas, sino por las profundas y empezando con intensidad poco a poco va hacia la desesperación para llegar en un adagio al fortissimo de intento liberatorio.

Es entonces cuando lo que esperábamos presentase: el Recitativo del tenor reproduce el versículo veinte del capítulo sesentinueve de los Salmos para decirnos:

XXIX. RECITATIVO. (Tenor). Largo.
Salmo LXIX, 20.

"Thy rebuke hath broken His heart: He is full of heaviness. He looked for some to have pity on Him, but there was no man; neither found He any to comfort Him".

"La incomprensión ha roto su corazón. Está lleno de pesar. Busca en vano alguno que tenga piedad de Él, pero no hay un solo hombre que le conforte".

Con qué dolor se expresa la dulce voz del tenor. En realidad sólo el dolor es capaz de ennoblecer a los hombres. Recordamos las frases que Aurora nos diera en el drama Eka Nishta, al decirnos:

"Dolor que abarca no lo infinito, sino lo humano; para penetrar en la esencia divina y llega al aspecto siempre luminosos de lo sereno y de lo bueno, de lo justo y de lo santo".

"Dolor que rodeado de todas las apariencias fatales del destino, tiene el fulgor de la estrella cintilando en un cielo negro".

"Dolor, en fin, que aun cuando se quiten del espíritu del hombre todas las excelencias de su voluntad o de su pensamiento, de su intuición o de su amor, quedará para afirmar que en la vida del Universo hay un reflejo de la bondad divina, hay una semejanza de la piedad omnisciente y tiene realidad la esencia del macrocosmos en el hombre".

Y aún más intensa es el Aria del propio tenor, que en movimiento largo, reproduce las lamentaciones bíblicas, al decirnos:

XXX. ARIA (Tenor). Largo.
Lamentaciones I, 12.

"Behold, and see if there be any like unto His sorrow".
"Ved y mirad y si hay algún pesar como su pesar.

¿No os conmueve a cuantos pasáis por el camino? Mirad y ved si hay dolor como su dolor; porque Jehová lo ha angustiado en el día de la ira de su furor".

Las lágrimas brotan ante estas frases que jamás encontraremos tan profundamente dolorosas en todo el arte de la música vocal. Händel adquiere en este instante un lugar predilecto en nuestros sentimientos y admiración, supera a todas las formas de la angustia y nos conmueve con poder inaudito.

Ahora, inspirándose en Isaías, aparece el Recitativo del tenor para decirnos:

XXXI. RECITATIVO. (Tenor)
Isaías LIII, 8.

"He was cut off out of the land of the living: for the transgression of Thy people was He stricken".

"Desde la angustia, y desde el juicio fue levantando en alto: ¿su generación quién la contara?, porque fue cortado de la tierra de los vivientes, por la maldad de mi pueblo lo he herido".

Inmediatamente el Aria del tenor, se inspira en los Salmos, y nos dice:

XXXII. ARIA. (Tenor). Andante Larghetto.
Salmo XVI, 10.

"But Thou didst not leave His soul in hell; nor didst Thou suffer Thy Holy One to see corruption".

"Pero Tú no dejaste Su alma en el infierno, ni Tú sufriste tu santo para ver la corrupción. Porque no dejaras mi alma en el sepulcro, ni permitirás que tu santo vea corrupción".

Esta sentencia de David indudablemente queda ilustrada cuando a continuación el mismo dice:

"Me mostraras la senda de la vida: hartura de alegrías hay en tu rostro; deleites en tu diestra para siempre".

Pero a pesar de lo cruel de la tragedia, la confianza va renaciendo y el dolor va alejándose de nuestro espíritu. Es entonces cuando el Coro armónicamente al principio y después en forma fugada nos conduce, por medio de la fe, a la confianza y al optimismo. Inspirándose en uno de los más bellos salmos nos dice:

XXXIII. CORO. A tempo ordinario.
Salmo XXIV, 7 y 10.

"Lift up your heads, O ye gates; and be ye lift up, ye everlasting doors; and the King of glory shall come in".
"Who is the King of glory? The Lord strong and mighty, the Lord mighty in battle".
"Lift up your heads, O ye gates; and the King of glory shall come in".
"Who is the King of glory? The Lord of Hosts, He is the King of glory".
"Alzad, oh puertas, vuestras cabezas, y alzaos vosotras, puertas eternas, que entrara el rey de la Gloria".
"¿Quién es ese rey de Gloria? Jehová el fuerte y valiente, Jehová el poderoso en batalla".
"Alzad, oh puertas, vuestras cabezas, y alzaos vosotros, puertas eternas".

Ha renacido el espíritu en el mejor de sus momentos.

Si repasamos lo oído en la segunda parte del Oratorio encontramos que sucesivamente Haendel se ha referido al guiador del mundo, a la injusticia humana para con el Redentor de los pecados humanos, a la incomprensión y por último al renacimiento de la fe.

En lo sucesivo el tenor y el coro hablarán de la gloria del Señor; la soprano y el coro elogiarán la predicación; el bajo, el coro y el tenor exhortarán a los hombres a seguir una vida de paz y por último el coro entonará la más bella Alleluia que se ha creado, llena de unción y traspasada de todos los fervores que pueden tener de luminosidad el alma humana.

Desde el momento en que el Coro nos ha exhortado para levantar nuestras cabezas y cantar loas a la gloria del Señor, el tenor, en un recitativo menciona la pregunta:

XXXIV. RECITATIVO. (Tenor)
Hebreos I, 5

"Unto which of the angels said He at any time, Thou art my Son, this day have I begotten Thee?"
"¿A cuál de sus ángeles, dijo Dios, mi hijo eres tú?"

Y el coro añade:

XXXV. CORO. Allegro
Hebreos I, 6

"Let all the angels of God worship Him".
"Adórenle todos los ángeles de Dios".

Inspirándose en la Epístola del Apóstol San Pablo a los hebreos que les dice: Porque, a cuál de los ángeles dijo Dios; mi hijo eres tú, hoy yo te he engendrado".

A continuación aparece el Aria del bajo. Pero antes de oírla es necesario que pensemos qué ternura hay en las frases oídas. Qué mayor confianza pudo haber tenido la Divinidad al hacer un hijo suyo en el Mesías. Estas frases llevan toda la ternura que corresponde al padre y en realidad no hay ninguna religión que haya mencionado con mayor unción el llamado a la paternidad como lo hace la cristiana. A través de todas las religiones se ha contemplado al Dios furibundo enérgico, despiadado, a veces atento al bien de los hombres; pero nunca ligado al hombre por ese vínculo amoroso de la paternidad. El Padre Nuestro es la oración más bella que ha sido creada a través de todas las sabidurías y de todas las beatitudes. Con razón Papini le ha dedicado sendas páginas a tan gloriosa i magnífica revelación. Ahora Haendel aprovecha estas ideas de San Pablo que llevara a los hebreos para hacer decir al tenor que Dios ha engendrado al hijo predilecto, el que no ha sido comprendido por los hombres pero, en cambio, los ángeles le adoran en magnificencia y plenitud.

XXXVI. ARIA. (Bajo). Allegro.
Salmo LXVIII, 181

"Thou art gone up on high, Thou hast led captivity captive, and received gifts for men; yea, even for Thine enemies, that the Lord God mighty dwell among them·".

"Subiste a lo alto, cautivaste la cautividad, tomaste dones para los hombres, y también para los rebeldes para que habite entre ellos Dios".

Estas frases magníficas del salmo de David las pone Händel en la aria del bajo, que en un allegro señala la alegría que se recibe cuando se tiene conciencia de un hecho de la más profunda significación. La melodía es clara y límpida, sin adornos, escueta, sin rebuscamientos y es propiamente la iniciación de una claridad en el alma, de un reposo en el dolor.

XXXVII. CORO. Andante allegro.
Salmo LXVIII, 11.

"The Lord gave the word: great was the company of the preachers".

"El Señor daba la palabra y los evangelistas y predicadores la llevaban con pasión, grande fue su labor".

Para representar este acto llena de piedad y a la vez de entusiasmo, la alegría la presenta Haendel a través de un canto florido, lleno de pasión y altamente hermoso. Al salir de la angustia y llegar al sentimiento de la alegría recordamos el pensamiento y la obra de Beethoven que siempre nos impulsan a llegar a la felicidad a través del crisol del sufrimiento.

El aria de la soprano levanta su gratitud para con estos hombres que esparcen la nueva doctrina:

XXXVIII. ARIA. (Soprano) Larghetto.
Romanos X, 15.

"How beautiful are the feet of them that preach the golsped of peace, and bring glad tidings of good things"·.

"Cuán hermosos son los pies de los que predican el evangelio de paz, y traen noticias alegres y bondadosas".

Aria escrita en estilo pastoral de singular expresión. La voz de la soprano adquiere nueva fuerza de dulzura y esta es una de las romanzas más exquisitamente laboradas.

Ilustrándose Haendel en la misma Epístola a los Romanos hace decir al coro:

XXXIX. CORO. A tempo ordinario.
Romanos X, 18.

"Their sound is gone out into all lands, and their words unto the ends of the world"

"Su voz se fue de los confines de la tierra y sus palabras llegaron a los límites del mundo".

Principia la fuga la soprano con un tema el más reducido pero al mismo tiempo lleno de sencillez y belleza, continúan la contralto, el tenor y el bajo y es de sorprendernos la magnífica sencillez de este contrapunto que en intensidad lleva la fe y la confianza para terminar en una intensidad magnífica.

Es entonces cuando la voz del bajo reprocha a las gentes la falta de comprensión para tan magnífica obra, pues en lugar de tener paz en la conciencia y en los hogares, la guerra devasta a los hombres y la impiedad y la injusticia esclavizan a las multitudes.

XL. ARIA. (Bajo). Allegro.
Salmo II, 1 y 2

"Why do the nations so furiously rage together? And why do the people imagine a vain things?".

"The kings of the earth rise up, and the rulers take counsel together against the Lord, and against His Anointed".

"¿Por qué se amotinan las gentes y los pueblos piensan vanidosamente? Aún los reyes de la tierra y los príncipes se unen contra el Señor".

En estas frases se nota un reproche a los pueblos y a las naciones. Su fuerza es maravillosa en expresión. Pero es entonces cuando el coro alza nuevamente su voz inspirándose en los mismos Salmos para expresar el pensamiento de esos hombres vanos e insubstanciales y decir:

XLI. CORO. Allegro e staccato.
Salmo II, 3.

"Let us break their bonds asunder, and cast away their yokes from us".
"Rompamos sus ligaduras y tiremos lejos de nosotros sus yugos".

En realidad ya no es la fuga perfecta que encontráramos anteriormente, es el estallido de una voz blasfema e incomprensiva de la bienaventuranza del mundo.

El tenor habla entonces:

XLII. RECITATIVO. (Tenor)
Salmo II, 4.
"He that dwelleth in heaven shall laugh them to scorn; the Lord shall have them in derision".
"El que habita en los cielos les sonreirá con desdén; el Señor los tendrá en irrisión".

Y en justo pedimento el tenor pide a la Divinidad que los quebrante con vara de hierro y los desmenuce como el alfarero al vaso que acaba de construir.

XLIII. ARIA. (Tenor) Andante.
Salmo II, 9.

"Thou shalt break them with a rod of iron; Thou shalt dash them in pieces like a potter's vessel".

En un andante enérgico expresa esas ideas, pero no bien acaba de enunciarse esta suplica, llena de desesperación, cuando aparece el coro entonando el alleluia:

XLIV. CORO. ALLEGRO.
Rev. XIX-6.

"HALLELUJAH! For the Lord God omnipotent reigneth".

"The kingdom of this world is become the kingdom of our Lord, and of His Christ; and He shall reign for ever and ever".

"KING OF KINGS, AND LORD OF LORDS. HALLELUJAH!"

"¡Alleluia para el Señor Dios omnipotente. El reino de este mundo es el reino de nuestro Señor y de su Cristo y Él reinara para siempre. Rey de Reyes y Señor de Señores. Alleluia!"

En realidad esta fuga magnífica que empieza su desarrollo después de un contrapunto lleno de fervor y se inicia en las voces graves para llegar hasta las más agudas, es el coronamiento de una fe absoluta a la que no le liga ningún interés mezquino ni le estorba las incomprensiones de las muchedumbres fanáticas y faltas de piedad. Tres simples frases, la segunda en contrapunto llano, forman la base del alleluia. Sirven para sostener los efectos armónicos más sublimes. El mismo Haendel exclamó al terminar esta parte de su obra: "Yo pensé que había visto todo el cielo delante de mí y aún al mismo Dios al concebir este coro".

De esta manera termina bellamente la segunda parte del Oratorio. Él ha sido variado como pocas obras para expresar el dolor más profundo pero también la alegría más convincente. Su fuerza es inaudita y parece que surge el drama con toda la desnudez de su crueldad como también aconteciera en la Pasión de San Mateo de Juan Sebastián Bach, en la Misa de Réquiem de Mozart o en la Muerte y Transfiguración de Ricardo Strauss.

Es el cuadro de mayor contraste que se ha escrito por la diversidad de sus pasiones, por el dolor y la alegría que adquieren su máxima plenitud; por el desbordamiento de fe y de nobleza. Los pasajes bíblicos de San Juan, el primer filósofo de la Cristiandad, del inmenso Isaías, el profeta máximo de todos los tiempos; los Salmos de David y las Epístolas de San Pablo han llevado todo su aliento a la penetrante espaciosidad dramática de Haendel que, con la severidad del contrapunto y con la nobleza de la armonía, ha llegado a la posesión de un holocausto, el más convincente para la fe

Tokyo, Japón

TERCERA PARTE DEL ORATORIO

DOCTRINA DE ESENCIALIDADES HUMANAS

La última parte de "El Mesías" corresponde a la doctrina filosófica del Cristianismo. Tomado el texto de los más notables libros de la Biblia, el libro por excelencia y fundamentalmente de los Salmos de David y de las Epístolas de San Pablo, conduce este último momento a la reflexión de los temas más profundamente conceptuales. Sus arias entonadas por la soprano: "Yo sé que mi Redentor vive", por el Bajo: "Os revelaré un misterio, la trompeta sonará y los muertos se levantarán incorruptibles", y por el Tenor "Si Dios está con nosotros, ¿quién puede estar en contra nuestra?"; constituyen tres momentos de meditación que señalan: el primero, la eternidad del espíritu, afirmación substancial de una doctrina espiritualista sobre el poder de la esperanza; el segundo, la resurrección de los muertos como realización de la justicia divina; y el último, la plena confianza en la existencia compenetrada de religiosidad para seguir el camino de la fe.

El Dúo, dicho por Contralto y Tenor: "¿Dónde está, ¡Oh muerte!, tu aguijón y dónde ¡Oh sepulcro!, tu victoria?"; señala una vez más la certidumbre de que la muerte es un tránsito y nunca un acabamiento y que, como las más bellas oraciones de los Benedictinos, la victoria corona siempre la estancia sepulcral. Llena esta sentencia de la más pura espiritualidad, compenetrada del Agustinismo que a la vez ha sabido tomar lo más dilecto de las tesis de Platón y de Plotino, nos encauza al desprendimiento y menosprecio de lo terrenal para la afirmación profunda de la inmortalidad del alma. Es propiamente este Dúo el que deberá ser coronado por una Alleluia de victoria y de resurgimiento a los poderes más altos del alma.

La leyenda: "Porque cuando la muerte entró por un hombre, también por un hombre entró la resurrección de los muertos", entonada por el Coro es el criterio humanista del cristianismo, pues para afirmar la inmortalidad no se recurre a poderes o seres más allá del ser humano, sino al ser mismo, en su naturaleza débil e ingenua, a través de los actos, los más ingenuamente vitales y los más sublimemente inocentes.

Los dos cantos anteriores al Amén, dichos por el Coro: "A Dios gracias que nos da la victoria" y "El Cordero que fue inmolado es digno de tomar el poder", lleva el convencimiento de que la fuerza moral no corresponde a la fuerza material y que la humildad es el coronamiento de todas las virtudes y de todas las noblezas de que es capaz el espíritu humano. Y toda esta pedrería de pensamientos y emociones, nos conducirá al grandioso Amén, técnicamente difícil y profundamente religioso.

Ciertamente estamos ya separados para internarnos en la última parte del Oratorio. Si la primera fue de la Profecía, entonando cantos de deseos y esperanzas; la Segunda Parte fue de sufrimientos y devociones, dolores y afirmación de la fe; la Tercera servirá a Haendel para llegar a la filosofía del Cristianismo traduciendo, a través de las armonías musicales, los profundos problemas de la vida y de la muerte, de la resurrección y liberación, del amparo divino y de la entrega a Dios. Aprovechará las frases dolorosas de Job y el mensaje de San Pablo a los Corintios y a los Romanos. Será ya un mundo nuevo de la inteligencia y de la emoción el que surgirá a través del espíritu que ama la verdad y la liberación.

Esta última fase del Oratorio puede dividirse en cuatro secciones: la primera tratará de la vida y de la muerte, la soprano, la contralto, el bajo y el coro inspirándose en las Lamentaciones de Job y en la Predicación de San Pablo a los Corintios llevará a nuestra convicción el aliento de la resurrección; la segunda, entonada por la contralto, el tenor y el coro, se referirá a la liberación; la tercera, dicha por la soprano, irá directamente a la súplica para recibir el amparo divino y la última sección nos la entregará el coro en una dádiva frenética y devota hacia la Divinidad.

PRIMERA SECCIÓN

Empieza la tercera parte con la exclamación de Job que dice:

XLV. ARIA. (Soprano) Larghetto.
Job XIX, 25, 26 1 Cor. XV, 20

"I know that mu Redeemer liveth, and that He shall stand at the latter day upon the earth:

And though worms destroy this body, yet in my flesh shall I see God".

"Yo sé que mi Redentor vive, y al fin se levantará sobre el polvo y estará hasta el último día sobre la tierra".

E inspirándose en los Corintios exclama:

"For now is Christ risen from the dead, the first-fruits of them that sleep".
"Por ahora Cristo está muy lejos de morir, ha resucitado de los muertos".

Estas sentencias son dichas por la soprano en un larghetto y tienen toda la pureza de una melodía bellamente expresada. Es una joya de exquisita expresión.

A continuación el coro, en un movimiento grave alternando con aires rápidos invade el problema filosófico de la muerte.

XLVI. CORO. Grave
1 Corintios XV, 21

"Since by man came death, by man came also the resurrection of the dead. For as in Adam all die, even so in Christ shall be made alive".

"Por cuanto la muerte entró en un hombre, vino también la resurrección de los muertos. Porque así como en Adán todos mueren, así también en Cristo todos serán vivificados".

En cuartetos y en desarrollo de contrapunto llano con responsos corales, esta parte es de las de mayor gratificación. Estamos propiamente en una de las regiones más profundas del oratorio. Si la primera sentencia, en que se indica que por el hombre vino la muerte, se lleva un tiempo grave y solemne, la segunda: por el hombre vino también la resurrección, se desarrolla en un allegro lleno de viveza y a la vez de intensidad. La primera frase es dolorosa como corresponde a la angustia ante la muerte. La segunda es jubilosa y enérgica, como puede pertenecer a ese supremo instante de liberación. Así también el oratorio vuelve al tiempo grave cuando dice: por eso en Adán todos mueren; y regresa al allegro cuando entona: y en Cristo todos revivirán.

En realidad estos contrastes deben ser percibidos en toda su significación. Ellos aprovechan la expresión artística para señalar los momentos más penetrantes de la filosofía. Ciertamente el hombre muere, pero en su espíritu sabrá resurgir y vivir eternamente. Si Adán es la representación del pecado y por ende de la muerte, Cristo es el símbolo de la salvación y por lo tanto de la vida. Al amparo de las ideas de la muerte y de la resurrección, de la angustia y de la fe, todo el pensar filosófico muévese para resolver la integración de la personalidad en un refugio supremo en el saber de salvación. La muerte solo llega, ha dicho Booz, hasta donde es corruptible lo insubstancial y pasajero, y la resurrección es lo vital que permanece intacto a través de todos los tiempos y de todas las contingencias. Confina perspicacia, Haendel ve en Adán el nacimiento de la humanidad y a la vez la sentencia realizada de la muerte y en el Mesías descubre la vida eterna en plenitud de existencia.

Lástima grande que no le haya dado a esta parte la extensión que le corresponde y la profundidad que la misma exige. Hay incertidumbre en la mente del autor y resoluciones, a esta cuestión se encuentra con mayor plenitud en la diestra y maravillosa música de Juan Sebastián Bach o en la ingenua y a la vez atormentada frase de Mozart en el Réquiem.

XLVII. RECITADO. (Bajo).
1 Corintios XV, 51, 52.

"Behold, I tell you a mystery: We shall nor all sleep; but we shall all be changed in a moment, in the twinkling of an eye, at the last trumpet".

"Os revelaré un misterio, la trompeta sonará y los muertos se levantarán incorruptibles".

Este recitado del bajo se ilustra también en la Epístola a los Corintios y se completa con el Aria siguiente para representar mejor el poder triunfal de la simbólica trompeta en el día del Juicio:

XLVIII. ARIA. (Bajo). Pomposo ma non allegro.
1 Corintios XV, 52, 53.

"The trumpet shall sound, and the dead shall be raised incorruptible, and we shall be changed".

"For this corruptible must put on incorruption, and this mortal must put on inmortality"

"Las trompetas sonarán y la muerte será incorruptible y nosotros seremos cambiados.

"Lo corruptible será puesto en incorrupción. Y este mortal designio en inmortal".

Se oye en solos la trompeta con el poder de su magnífico timbre y el bajo entona, combinándose con ella, este bello pasaje.

Continuando las palabras de la doctrina, la contralto nos dice inmediatamente en un Recitado inspirado en los mismos Corintios:

XLIX. RECITADO. (Alto)
1 Corintios XV, 54.

"Then shall be brought to pass the saying that is written: death is swallowed up in victory".

"Y cuando esto corruptible fuere convertido en incorrupción y esto mortal fuere transformado en inmortalidad, entonces se efectuará la palabra que está escrita: Sorbida es la muerte con victoria"

A continuación el dueto de la contralto y el tenor nos lleva al sublime instante de la liberación.

SEGUNDA SECCIÓN

En este dueto, que se inspira en las palabras de San Pablo, con profunda ansia se dice:

L. DUETO. (Alto y Tenor). Andante
1 Corintios XV, 55, 56.

"O death, where is thy sting? O grave, where is thy victory? The sting of death is sin, and the strength of sin is the law".

"¿Dónde está, Oh muerte, tu aguijón? ¿Dónde, Oh sepulcro, tu victoria? Ya que el aguijón de la muerte es el pecado y la potencia del pecado, la ley".

Oh muerte, ¿dónde está tu aguijón? Oh pesar y dolor, ¿dónde está tu victoria? Estas frases llenas de confianza han destruido para siempre el temor a la muerte y la fe en la inmortalidad del espíritu. Dichas en un magnífico dueto con un movimiento andante en que la primera interrogación corresponde a la contralto y la segunda al tenor, son la expresión magnífica de un estado espiritual que se confía en su propia naturaleza. El aguijón de la muerte es el pecado y en realidad sólo se teme la muerte, cuando el pecado ha sido ley en la vida del hombre.

A continuación el coro, ilustrándose en los mismos Corintios, entona un himno de gracias a la Divinidad, diciendo:

LI. CORO. Andante.
1 Corintios, XV, 57.

"But thanks be to God, who giveth us the victory through our Lord Jesus Christ".
"Pero gracias a Dios, que nos dio la victoria por medio de nuestro Señor Jesucristo".

La fuga es dicha en un andante de solemnidad y de confianza y la última frase es acentuada en un adagio que enternece por su más profunda revelación.

TERCERA SECCIÓN

Y ahora aparece la súplica al amparo divino dicha por la exquisita voz de la soprano en una confianza ilimitada:

LII. ARIA. (Soprano). Larghetto.
Romanos VIII, 31, 33, 34.

"If God be for us, who can be against us? Who shall lay anything to the charge of God's elect? It is God that justifieth, who is he that condemneth?".

"It is Christ that died, yea, rather, that is risen again, who is at the right hand of God, who makes intercession for us".

"Si Dios está con nosotros, ¿quién puede estar contra nosotros? ¿Quién se opondrá a la misión del Elegido de Dios? Si Dios es quien juzga, ¿quién será el que condene?"

Estas frases inspiradas en la Epístola de San Pablo a los Romanos y dichas por la soprano en esta aria magnífica que lleva confianza y revelación se continúa diciendo:

"Cristo es el que murió, pero también el que resucitó, quien además está a la diestra de Dios, el que también intercede por nosotros".

Es de notarse un intento de serenidad y de recogimiento.

Estamos ya a la terminación del oratorio. Este debe ser de una solemnidad sin límites y si en verdad Haendel no lo logra en toda su profundidad, porque su espíritu nunca pudo llegar a las honduras del de Juan Sebastián Bach, a las deliciosas expresiones místicas de Wagner; sin embargo, llégase en este momento a un reposo concentrado y a una meditación significativa. El coro entonará, en un largo que pasa al andante, llega al allegretto y termina en un allegro moderato, a elevar un himno que no tiene el furor de la alegría como en la Alleluia pero sí la moderación de algo que se quiere comprender por su magnificencia.

LIII. CORO. Largo – Andante – Larghetto – adagio.
Rev. V, 12, 13

"Worthy is the Lamb that was slain, and hath redeemed us to God by His blood, to receive power, and riches, and wisdom, and strength, and honour, and glory, and blessing".

"Blessing and honour, glory and power, be unto Him that sitteth upon the throne, and unto the Lamb, for ever and ever". Amen

"Digno es el Cordero que fue sacrificado, Dios nos ha redimido con su propia sangre, y nosotros le reconocemos todo el poder y riqueza, sabiduría y fuerza, honor y gloria, y le bendecimos".

"Bendiciones y honor, gloria y poder, estad con el que se sentó en el trono y con el Cordero, por siempre y para siempre. Amén".

Frases estas que llevan no sólo el deleite estético sino la devoción más llena de contenido y más pletórica de fe. La fuga es iniciada por los tenores y bajos al unísono y repetida por las sopranos y contraltos en la octava, cerrando con las palabras "para siempre jamás" reiteradas varias veces.

Ha terminado el Oratorio con la solemnidad que siempre ha tenido a través de dos siglos de existencia. En la Abadía de Westminster en Inglaterra el pueblo siempre lo ha escuchado casi como su himno patrio y es costumbre que en su final todos permanezcan de pie como un honor otorgado al genio que supo imprimir as mejores excelencias del espíritu.

En esta ocasión, y más tarde cuando oigamos otras bellas obras que sabrán conmover toda nuestra sensibilidad y entre las cuales contaremos con la significativa creación esotérica de Wagner, "El Parsifal"; siempre serán luminosas las frases de Rainer Maria Rilke que en su visión poética nos ha significado la esencia de la música en magníficas frases. Su poema corresponde a una de sus últimas obras y nos dice:

MÚSICA

"Música: aliento de las estatuas, quizá.
Silencio de los cuadros. Tú, lengua, donde las lenguas
terminan; tú, tiempo
que verticalmente se dirige en dirección a los corazones efímeros.
¿Sentimientos, hacia quién? Oh, tú, el cambio
de los sentimientos... ¿En qué?: en paisaje audible.
Tú, extranjera: Música. Tú, espacio del corazón
que creces por encima de nosotros. Lo más íntimo de nosotros, que,
rebasándonos,
se lanza afuera, santa despedida:
lo interior nos rodea

como la más familiar lontananza, como
el reverso del aire,
puro,
inmenso,
no habitable ya".

Frases éstas que a través de todo el arte musical sólo son intuidas en aliento vital. "Du Sprache, wo Sprachen enden", Tú, lengua, donde las lenguas terminan. Con esta bella expresión se señala el panorama infinito de la música. Pero más se acentúa cuando el poeta exclama "Du Zeit die senkrecht stht auf der Richtung vergehender Herzen". Tú, Tiempo que ascensionalmente se dirige a todos los corazones efímeros.

HORIZONTE

Fue en la primera mitad del siglo XVIII cuando apareció esta magnífica obra después de otros dos Oratorios "Saúl" e "Israel en Egipto". Terminóse el trece de abril de 1742 y se realizó su primera audición en mayo del mismo año. Fue elaborado con el increíble plazo de 24 días. Mozart lo reconoció como una obra sublime y en el año de 1879, escribió los acompañamientos adicionales; Franz a mediados del siglo XIX compuso nuevos acompañamientos y Richter en 1885 lo depuró de muchos agregados que diferentes escritores habíanle malamente hecho.

Tiene la plenitud del estilo de Haendel, es decir la forma y profundamente conceptual de lo clásico nórdico y el sentimiento exquisitamente melódico de la península itálica.

Recordemos que hay en la voluntad artística, –doctrina enunciada por Riegl y puesta de manifiesto a través de los conceptos fundamentales del arte plástico por Wölfflin, Panofsky y Franckl entre otros muchos estéticos– el sentido más profundo, no sólo del contenido de una obra arquitectónica, de pintura o de escultura, de alto relieve o de forma cualquiera plástica, sino de la música misma, que en sus grandes formas lleva implícita concepciones nuevas de la vida y del mundo, en una palabra de la existencia humana.

La Monodia frente a la Polifonía, el Clasicismo frente al Romanticismo, la estructura rítmica, la variedad de timbre, el tonalismo fijo frente al politonalismo y aún atonalismo; no son accidentes del capricho o del acaso, sino fuentes vivas de interpretaciones sublimes en las formas universales del espíritu que unas veces se manifiestan en la mente de Platón, San Agustín, Kant o Scheller y otras en las expresiones artísticas de Vinci, Donatello, Shakespeare, Brückner o Duncan. Y una de esas interpretaciones, de esas voluntades artísticas, de esa modelación simbólica (con la expresión de Cassirer) de esta ley estilística en la forma estética o dinámica, según las ideas de Coellen afirmadas por Franckl; –se encuentra en magnífica floración en "El Mesías" de Haendel, el cual debe tomarse como tipo sublime de interpretación humanista, con la misma fuerza que su "Aleluya" que cierra con broche de oro el renacimiento de la fe, y el "Amén" que sabe sintetizar toda la religiosidad que emana de una doctrina aún no practicada por la humanidad. Humanidad, en el momento actual, loca en desvaríos de poder. Pero a pesar de todo, existencia humana que se encontrara así misma para descubrir su propia y prístina naturaleza.

“EL MESÍAS”

PRIMERA PARTE

Texto Bíblico	Traducción	Movimiento
I. OBERTURA	Grave – Allegro.	
Isaías XL-	II. RECITADO. Acompañado. (Tenor).	Larghetto e piano.
1, 2, 3	Tened consuelo, tened consuelo, mi pueblo, Ha dicho su Dios; hablad confortablemente a Jerusalén; llorad ahí, que su combate se ha terminado, y su iniquidad está perdonada. La voz del que llora en lo desierto, prepara el camino el Señor, hace una vereda derecha para nuestro Dios.	
Isaías XL-4	III. ARIA. (Tenor).	Andante.
	Todos los valles serán exaltados, y todas las montañas y colinas aplanadas; lo torcido recto, y los lugares ásperos, planos.	
Isaías XL-5	IV. CORO.	Allegro.
	La Gloria del Señor será revelada y los cuerpos serán vistos juntos, pues el Señor ha hablado.	
Haggeo II-	V. RECITADO. Acompañado. (Bajo).	Andante.
6 y 7	Así dijo el Señor de los Ejércitos:	
Malaquías,	He ordenado y creado a los cielos, a la tierra	
III - 1	y al mar. He dado vida a todos los pueblos sobre la tierra. Ahora, el Señor a quién tú buscas, repentinamente llegará a su templo, como mensajero del pacto para tu felicidad. Ve, él vendrá. Ha dicho el Señor de los Ejércitos.	

Texto Bíblico	**Traducción**	**Movimiento**
Malaquías, III-2	VI. ARIA. (Bajo). Pero, ¿quién puede habitar el día de su venida, y quién esperará a que El aparezca? Porque él es fuego de purificación.	Larghetto.
Malaquías, III-2	VII. CORO. El purificará a los hijos de Leví, que puedan ofrecer en el Señor un holocausto de justicia.	Allegro
Isaías VII-14. Mateo I-2,3	VIII. RECITADO. (Alto). Ved, concebirá una virgen, y dará un Hijo. y lo llamará Emmanuel, Dios con nosotros.	
Isaías XL-9	IX. ARIA (Alto) y CORO Oh, tú que oirás contar as más buenas nuevas a Zion, ponlas en la alta montaña; Oh tú que oirás contar las más buenas noticias a Jerusalén, alza tu voz con fuerza: álzala, no tengas temor; Levántate, brilla, porque tu luz va a venir, y la gloria del Señor está sobre ti.	Andante
Isaías IX	X. RECITADO. Acompañado. (Bajo)	Andante larghetto.
2, 3.	Porque, Ved, a obscuridad ha cubierto a la tierra, las tinieblas a la gente; pero el Señor se levantará sobre ti, y Su gloria será vista sobre ti, los Gentiles vendrán a Su luz, y los reyes al resplandor de su nacimiento.	
Isaías IX-2	XI. ARIA. (Bajo). Los pueblos que caminan en la obscuridad han visto una gran luz: y ellos que habitan en la tierra de la sombra y de la muerte, tienen, desde ahora, sobre ellos la luz más brillante.	Larghetto

Texto Bíblico	Traducción	Movimiento
Isaías IX-6	XII. CORO.	Andante Allegro.
	Para nosotros un Niño ha nacido, para nosotros un Hijo se nos ha dado, y estará sobre nuestras vidas; Su nombre será Maravilloso, Consolador, Dios Poderoso, Padre Eterno, Príncipe de la Paz.	
	XIII. SINFONÍA PASTORAL.	Larghetto.
Lucas II-8	XIV. RECITADO. (Soprano).	
	Ellos eran pastores que habitaban en el campo, y vigilaban a sus manadas por la noche.	
Lucas II-9	RECITADO. Acompañado. (Soprano).	Andante.
	El ángel del Señor vino a ellos, y la gloria del Señor brilló a su alrededor, y no tuvieron temor alguno.	
Lucas II-	XV. RECITADO. (Soprano).	
10, 11.	El ángel les dijo, No teman; porque, ved, traigo a vosotros noticias de gran gozo y felicidad para toda la gente. Ha nacido este día, en la ciudad de David, un Redentor, que es Cristo el Señor.	
Lucas II-13	XVI. RECITADO. Acompañado. (Soprano).	Allegro.
	Y repentinamente apareció junto al ángel una multitud de ejércitos del cielo orando a Dios, y diciendo:	
Lucas II-14	XVII. CORO.	Allegro.
	Gloria a Dios en las alturas y paz en la tierra a los hombres de buena voluntad.	

Texto Bíblico	**Traducción**	**Movimiento**
Zacarías IX 9, 10.	XVIII. ARIA. (Soprano). Regocijaos grandemente, Oh hija de Zion;	Allegro. Aclama, Oh hija de Jerusalén. Ved, tu rey viene hacia ti. Él es el justo Redentor, y Él hablará de la paz a los paganos.
Isaías XXXV-5, 6	XIX. RECITADO. (Alto). Los ojos del ciego verán, y los oídos de los sordos oirán; el cojo saltará como un ciervo y la lengua del mudo cantará.	
Isaías XI-11 Mateo XI-28, 29	XX. ARIA. (Alto). El alimentará a Su rebaño como un pastor; recogerá las ovejas con Sus brazos; y las Llevará a Su seno.	Larghetto.
Mateo XI-30	ARIA. (Soprano). Venid a Él, y dejad vuestras labores y pesadas cargas, Él os dará descanso. Toma Su yugo sobre ti, y aprende de Él; Porque Él es manso y amoroso de corazón: y tú hallarás descanso en tu alma. XXI. CORO. Su yugo es fácil y Su carga es ligera.	Allegro
XX	SEGUNDA PARTE	
Juan I-29	XXI. CORO. Ved al Cordero de Dios, que lleva las Riendas del mundo.	Largo.

Texto Bíblico	Traducción	Movimiento
Isaías III-3, 1, 6.	XXIII. ARIA. (Alto). Sin embargo fue rechazado y despreciado por los hombres: se hizo hombre en el dolor y amigo del pesar. Supo dar su espalda a los aduladores y Sus mejillas a quienes le golpearon. No escondió su cara a la vergüenza y al despecho.	Largo.
Isaías III-4, 5.	XXIV. CORO. Seguramente Él nació para redimir nuestros males, y ha llevado nuestros pesares. Fue herido por nuestras traiciones; maltratado por nuestras iniquidades; el dolor que trajo nuestra paz lo supo llevar sobre Él.	Larghetto y staccatto.
Isaías III-5	XXV. CORO. Con Sus pesares nosotros fuimos creados.	Alla breve Moderato.
Isaías III-6	XXVI. CORO. Todas las ovejas se han extraviado; hemos regresado todos al mismo camino; y el Señor ha depositado en Él toda la iniquidad de nosotros.	Allegro Moderato.
Salmo XXII- 7	XXVII. RECITADO. Acompañado. (Tenor). Todos los que lo Vieron se sonrieron con desdén, abrieron sus labios y sacudiendo sus cabezas, dijeron:	Larghetto.
Salmo XXII-8	XXVIII. CORO. Él confió en Dios que le había de liberar; dejad que le entregue, si Él se delicia en Él.	Allegro.

Texto Bíblico	**Traducción**	**Movimiento**
Salmo XIX-20	XXIX. RECITADO. Acompañado. (Tenor) Tu incomprensión ha roto Su corazón. Está lleno de pesar. Busca en vano a algunos que tengan piedad de Él pero no hay hombre que le conforte.	Largo.
Lamentaciones I, 19	XXX. AIRE. (Tenor). Ved y mirad si hay algún pesar como Su pesar.	Largo.
Isaías III-8	XXXI. RECITADO. Acompañado. (Tenor). Él se fue fuera de la tierra de la vida; Por el pecado de Su pueblo fue golpeado.	
Salmo XVI-10	XXXII. ARIA. (Tenor). Pero Tú no dejaste Su alma en el infierno; Ni Tú sufriste Tu Santo para ver la corrupción.	Andante.
Salmo XXIV	XXXIII. CORO. Levantad vuestras cabezas, abrid vuestras puertas que el Rey de la gloria vendrá. ¿Quién es el rey de la gloria? El Señor fuerte y poderoso, el Señor poderoso en la batalla. Levantad vuestras cabezas, abrid vuestras Puertas que el Rey de la gloria vendrá. ¿Quién es el Rey de la gloria? El Señor De los Ejércitos, Él es el Rey de la gloria.	A tempo ordinario.
Hebreos I-5	XXXIV. RECITADO.(Tenor). A cuál de los ángeles dijo Él una vez, Tú eres mi Hijo, ¿este día te ha llegado?	

Texto Bíblico	Traducción	Movimiento
Hebreos I-5	XXXV. CORO. Dejad que los ángeles le adoren a Él.	Allegro.
Salmo XVIII.	XXXVI. ARIA. (Bajo). Tu obra se fue a los cielos, Tú has dejado cautiva a la cautividad y recibido dones para los hombres; y aún para tus enemigos.	Allegro.
Salmo XVIII-11	XXXVII. CORO. El Señor dio la palabra: grande fue la labor de los predicadores.	Andante allegro.
Romanos X-15	XXXVIII. ARIA. (Soprano). Cuán hermosos son los pies de los que predican el evangelio de paz, y traen noticias alegres de cosas buenas.	Larghetto.
Romanos X-18	XXXIX. CORO. Su sonido se fue de la tierra, y sus palabras a los fines del mundo.	A tempo ordinario.
Salmo V- 1, 2	XL. ARIA. (Bajo). ¿Por qué las naciones están furiosas y llenas de rabia? ¿Por qué la gente se imagina cosas vanas? Los reyes de la tierra y los gobernantes toman consejo juntos en contra del Señor, y en contra de Su Unción.	Allegro.
Salmo II-3	XLI. CORO. Rompamos sus ligaduras, y tiremos lejos de nosotros sus yugos.	Allegreto o staccatto.
Salmo II-4	XLII. RECITADO. (Tenor). El que habita en los cielos les sonreirá con desdén; el Señor os tendrá en irrisión.	

Texto Bíblico	Traducción	Movimiento
Salmo II-9	XLIII. ARIA. (Tenor). Tú las romperás con una varilla de hierro. Tú las romperás en pedazos como a un vaso de alfarero.	Andante.
Rev. XIX- 6 XI -15 XIX -16	XLIV. CORO. ¡Aleluya! para el Señor Dios omnipotente que reina. El reino de este mundo es el Reino de nuestro Señor, y de su Cristo; y Él reinará para siempre. Rey de reyes, y Señor de señores. ¡Aleluya!	Allegro.
	TERCERA PARTE	
San Job, XIX- 25, 26. Corintios I-XV 20.	XLV. ARIA. (Soprano). Yo sé que mi Redentor vive, y que Él estará hasta el último día sobre la tierra: Y aunque gusanos destruyan este cuerpo, Yo veré a Dios. Por ahora Cristo está muy lejos de morir, sus primeros frutos duermen.	Larghetto.
1 Cor. XV-21	XLVI. CORO. Por el hombre vino la muerte, por el hombre vino también la resurrección de la muerte. Por eso en Adán todos mueren, aunque en Cristo todos revivirán.	Grave allegrro.
1 Cor. XV- 51, 52.	XLVII. RECITADO. Acompañado. (Bajo). Mirad, yo te diré un misterio: no todos nosotros dormiremos eternamente; pues seremos cambiados en un momento, en un parpadeo de un ojo, en la última llamada de trompeta.	

Texto Bíblico	Traducción	Movimiento
1 Cor. XV-52, 53.	XLVIII. ARIA. (Bajo). Las trompetas sonarán, y la muerte será incorruptible, y nosotros seremos cambiados. Por esto lo corruptible será puesto en incorrupción, y esto mortal cambiado en inmortal.	Pomposo, ma non allegro.
1 Cor. XV-54	XLIX. RECITADO. (Alto). Luego vendrá a pasar lo dicho que está escrito: la muerte será cantada por la Victoria.	
1 Cor. XV-55, 56.	L.- DUETO. (Alto y Tenor). Oh, muerte, ¿dónde está tu aguijón? Oh, pesar, ¿dónde está tu victoria? El temor a la muerte es pecado, y la fuerza del pecado es la ley.	Andante.
1 Cor. XV-57	LI.- CORO. Pero gracias a Dios, que nos dio la victoria por medio de Nuestro Señor Jesucristo.	Andante.
Romanos VIII-31, 33 y 34.	LII. ARIA. (Soprano). Si Dios está con nosotros, ¿quién puede estar contra nosotros? ¿quién se opondrá al cargo del elegido de Dios? Si es Dios quien juzga, ¿quién es el que condena? Es Cristo quien muere, sí, más bien, que está viviendo otra vez. ¿Dónde está la mano derecha de Dios que interceda por nosotros?	Larghetto.

Texto Bíblico	Traducción	Movimiento
Rev. V- 12, 13	LIII. CORO. Digno es el Cordero de Dios que fue sacrificado, y nos ha redimido por su sangre, para recibir poder y riqueza, sabiduría y fuerza, y honores, y gloria y bendiciones. Bendiciones y honor, gloria y poder, estad con él que se sentó en el trono, y con el Cordero por siempre y por siempre jamás. AMÉN.	Largo-andante largo larghetto allegro moderato Adagio.

PROFECÍA: 1.-La Profecía sobre la venida del Mesías. II, III, IV.-Tenor, Coro.
2.- La Creación del Universo, el Mensaje de paz y Purificación. V, VI, VII. Bajo, Coro.
3.- Una Virgen concebirá al Cristo. VIII, IX. Alto, Coro.
4.- El Pecado reina pero vendrá la luz. X, XI, XII.- Bajo, Coro.
5.- Sinfonía Pastoral. XIII. Cuerda.
6.- El Nacimiento. La Felicidad. XIV, XV, XVI, XVII, XVIII. Soprano, Coro.
7.- Su obra para la felicidad de los Hombres. XIX, XX, XXI.- Alto, Soprano, Coro.

DRAMA: 1.- El guiador del mundo. XXII. Coro.
2.- La injusticia humana y el Redentor. XXIII, XXIV, XXV, XXVI. Alto, Coro.
3.- Incomprensión. XXVII, XXVIII, XXIX. Tenor, Coro.
4.- Dolor. XXX, XXXI, XXXII. Tenor.
5.- Confianza en Dios. XXXIII. Tenor.
6.- La Gloria del Señor. XXXIV, XXXV, XXXVI. Soprano, Coro.
7.- La Predicación. XXXVII, XXXVIII, XXXIX. Soprano, Coro.

8.- ¿Por qué los pueblos guerrean? XL, XLI, XLII, XLIII. Bajo, Coro, Tenor.
9.- Aleluya. XLIV. CORO.

FILOSOFÍA CRISTIANA:
1.- La Vida y la Muerte. La Resurrección. XLV, XLVI, XLVII, XLVIII, XLIX. Soprano, Coro, Bajo, Alto.
2.- Liberación. L, LI. Alto, Tenor, Coro.
3.- Amparo Divino. LII. Soprano.
4.- Entrega a Dios. Amén. LIII. Coro.

Tokyo, Japón

LA CREACIÓN DEL MUNDO

Oratorio de JOSEPH FRANZ HAYDN
"LA CREACIÓN"
De JOSEPH HAYDN

SIGNIFICACIÓN

Empieza la "Creación" por una pequeña obertura. Representa el Caos y apenas es perceptible una melodía muy lejana, pero precursora de una bella armonía.

El Recitativo de Rafael (voz de bajo) se inicia con las sabias palabras:

"En un principio creó Dios la tierra y los cielos". "Y la tierra estaba desordenada y vacía y las tinieblas estaban sobre el haz del abismo".

Palabras que describen desolación absoluta, infinito de vacío y océano de obscuridad y misterio.

Es entonces cuando el coro empieza a dar luz a la escena al exclamar:

"Y el espíritu de Dios se movía sobre el haz de las aguas y Dios dijo: seas la luz, y la luz fue hecha". El Coro va desde un pianísimo velado hasta llegar a una claridad deslumbrante y toda llena de vigor. Para terminar este primer destello de magnificencia divina, la palabra de Uriel (voz de tenor) entona con placer las palabras:

"Y vio Dios que la luz era buena; y apartó Dios la Luz de las tinieblas".

El espíritu queda en suspenso. Los matices son maravillosos, pues el crescendo de la masa coral forja un mundo de maravilla desde el murmullo de bella sonoridad hasta la voz delirante al hacerse la luz.

Entónase el Aria del Tenor para descubrir la noche y el día, así como la desaparición del Caos y el reino del oren en el universo. Con un Allegro Moderato se pronuncian las palabras enérgicas: "Y con terror los espíritus del infierno fueron arrojados en tropel y se hundieron en el profundo abismo y en la perpetua noche". La orquesta en cadena de cromáticas, desacordes y extrañas modulaciones, con tenacidad hace intuir la eterna justicia divina.

En ese instante el coro entona en forma fugada y enérgica el pensamiento: "Desesperación, maldición y rabia, los acompañaban en su rápida caída": para terminar casi al unísono: "Un nuevo mundo creado, lleno de primavera brotó de la palabra de Dios".

Uriel repite las palabras de maldición para los malos espíritus que desaparecen en la eterna noche de los infiernos. El coro termina en frenesí con el augurio de un mundo nuevo y floreciente.

A continuación un recitado del bajo en forma de Rafael, anuncia la Creación del firmamento:

"Y Dios hizo el firmamento y separó las aguas". En el Allegro Assai con furor relata: "Después de esto rugía la tempestad, los vientos eran rápidos y los terribles truenos se cernían en las alturas".

Con este texto de la música imitativa forma un ambiente de terror, pero termina con la descripción fertilizante en la lluvia que todavía tiene recuerdos de lejanas desolaciones, pero en cambio es nueva vida en el confín del universo.

Sigue la soprano en forma de Gabriel y el Coro, pero ahora es para entonar un himno a la obra del Creador. Hay belleza espiritual en todo su desarrollo. En un allegro magnífico se desarrolla la alabanza y éxtasis ante semejante creación y con esto termina el segundo día de la obra.

Y Dios dijo: Júntense las aguas y formó el océano y la parte seca fue la tierra". Palabras encomendadas a Rafael en un bello recitativo. Aparece inmediatamente un parte instrumental bellísima. Es el efecto de las aguas en su constante fluir. Deliciosas melodías surgen como impulsadas por el viento y la brisa del mar. La voz de bajo describe el espectáculo en que van apareciendo las rocas y las montañas, los ríos y las caídas de agua, los valles y las planicies.

En Gabriel hallan interpretación las palabras de Dios para que la tierra florezca y de frutos; y la floresta aparece en toda su magnificencia. Después del recitativo viene el Aria que es deliciosa y es aquí donde la mente de Haydn hace entonar los mejores cantos a la tierra que va cubriéndose con es esplendor de las selvas, mares, valles y montañas.

Uriel y el Coro cantan loas al Señor por tan bello espectáculo. El espíritu de Haydn adquiere aquí su máximo esplendor, se ajusta su estilo al motivo y es la expresión de júbilo que inspira siempre la vigorosa melodía de tan selecto músico.

Pero no sólo es la tierra la creada, son las estrellas en magnifico Cosmos. El recitativo del tenor Uriel inicia este pasaje que el coro toma y lo lleva a la apoteosis con el más bello entusiasmo.

"Gloria a Dios en las alturas"; es entonada esta frase por Gabriel, Uriel, Rafael y el Coro, y representa el broche de pulidos diamantes que el espíritu humano pudo haber colocado en la obra del Creado.

&&&

La segunda parte se inicia con el recitado y el Aria en que Gabriel (soprano) describe de manera majestuosa: la huida del águila, la alegre felicidad de la alondra, la ternura de la paloma y el canto del ruiseñor; es la música de las aves en un deleitoso gorjear, en una cadencia solo dable a la mente de Haydn; y Rafael nos dice, según el texto, que Dios regocijábase de su obra. De esta manera los ángeles entonan himnos de dulce emoción y de seráfica beatitud.

Para impregnarnos de mayor belleza sigue en famoso Trio de Rafael, Uriel y Gabriel (bajo, tenor y soprano) en que se exalta la sublime realidad. Empieza la soprano con la descripción de la belleza apolínea de las fuentes y de las cascadas; el tenor describe las playas y el canto de los pájaros que inunda el ambiente claro y diáfano lleno de sol y el bajo hace ver el ruido de la mar y la aparición del inmenso Leviatán que se recrea sobre la espuma de las olas. "¡Cuán bella es tu obra, Oh Dios mío!", entonan las voces en sublime armonía y agregan: "¿Cómo podremos alabarte en tu magnífica creación?".

"Dios es grande", tal es la frase que entonan el Trío y el Coro. "Su gloria es infinita".

El recitado del bajo se deja oír como la voluntad divina que crea todos los animales. El león fuerte, el tigre ágil, el caballo y hasta los insectos. Y en Aria magnífica se alaba y describe al universo creado.

Pero falta el hombre, la máxima perfección del Cosmos. Uriel lo anuncia con un recitado al que sigue bellísima aria que descubre la creación de Adán y Eva.

Para dar mayor fuerza a esta apoteosis, el Coro, en forma fugada, levanta su himno de felicidad.

&&&

En la primera parte del Oratorio hay la emoción de lo incierto y tenebroso; en cambio en la segunda todo es serenidad, dulzura y perfección. En esta segunda parte se nota la delicada canción del arrullo y el sublime canto de la naturaleza a la creación del hombre. Al oír esta música viene a nuestra imaginación el recuerdo de los frescos de Migue Ángel en que el hombre nace del solo contacto espiritual con la divinidad.

&&&

En la tercera y última sección aparece el amor humano como el encuentro de lo más noble que existe en la vida.

Fue creado el Cosmos, bello por la serenidad de sus soles y mares; fue creada la naturaleza, exquisita por el fervor de la vida en todas sus manifestaciones; y ahora nos encontramos con la palabra amorosa de Adán y Eva de donde nacerán todas las virtudes y todos los pecados, las vicisitudes de la flaqueza así como las perfecciones de que el ser, imagen de la divinidad, tiene en la mente y en el corazón.

La tercera parte se inicia con una introducción de carácter descriptivo en que las flautas, los cornos y la cuerda nos dan un magnífico efecto orquestal. Uriel entona bella melodía y con ello llegamos a una combinación del dueto y el Coro en que Adán y Eva intervienen.

Este himno de alabanza al Señor, es de lo más delicioso que escribió Haydn, pero aún se supera en el diálogo entre Adán y Eva, lleno de ternura en un Adagio sublime.

Uriel, en recitado, alaba a la pareja feliz y el Coro, lentamente al principio y con alegría y majestad después, entona una plegaria a lo eterno con delirio y esplendor. En un allegro fogoso desborda la música felicidad y ternura, gratitud y veneración. Termina el Oratorio con el reconocimiento a las bondades divinas y el espíritu se concentra en una loa magnífica como lo hicieran Palestrina o Juan Sebastián Bach, Haendel o Beethoven en sus más apasionadas alabanzas.

&&&

Es de notarse el empleo preferente de la fuga en los Oratorios. En realidad es la fuga la que desentraña la oración de la catedral gótica, la máxima expresión de religiosidad, pues tiene el mismo sentido de infinitud, la misma plegaria mística a la divinidad. Ninguna forma musical se adentra más en lo imperecedero de la oración, en la inspiración y el anhelo infinitos como la Fuga. Y es por ello que Haydn la emplea en esta obra en forma magistral tal como lo hicieran los más grandes músicos. Ella no es el arrobamiento y la placidez del canto Gregoriano; es en cambio el arrebato, a divina embriaguez que los religiosos imploraban con la sobria ebrietas, es la locura del espíritu cuando éste ha llegado a las formas excelsas de lo trascendente e inconmensurable.

La música de Haydn en la "Creación" no es patética como la de Haendel en sus Oratorios, tiene siempre ese verdor de primavera, esa sutileza que entrega la línea ondulante en la danza de la Corte, esa inspiración de frescura y optimismo que sólo se encuentra en algunos pintores del Renacimiento y en los poetas bucólicos de la Hélade y del Lacio.

Aun la muerte la trata con dulzura y honda esperanza, pues siempre tiene ese arrebato de vida que los benedictinos salmodiaban al clamar por una aleluya en el momento mismo de la reflexión por la vanidad del saber, la insignificancia de a existencia y la presencia siempre dolorosa de la muerte.

Es la "Creación" la obra maestra de Haydn, pues lleva todo ese espíritu de sana alegría que justamente se requiere para la más noble de todas las obras, pues en realidad la Creación es el comienzo del orden y del Cosmos en el acabamiento del Caos y de las tinieblas; es el nacimiento de toda la vida terrestre después de la fría desesperanza de la ley causal; es el génesis del hombre que, como un florecer sorprendente, hace de la libertad la conquista de espíritu y del pensamiento, la emoción y la voluntad todo un universo de mayor belleza que el estelar.

¿Y el arte musical puede reproducir las concepciones místicas de las primeras culturas y de los más profundos pensamientos religiosos? Pregunta ésta que siempre hemos hecho al oír los más bellos Oratorios. Pregunta que trata de resolver los grandes intentos de Haydn en la "Creación", de Stravinsky en lo "Sagrado de la Primavera", de Wagner en el "Anillo de los Nibelungos" y de Hols en "Los Planetas". La pintura lo ha realizado. Todavía surgen llenos de vida los frescos de la Capilla Sixtina, con las obras de vigor escultórico de Miguel Ángel o de líneas exquisitas de Rafael; todavía las escuelas flamenca y veneciana, holandesa e inglesa nos muestran espectáculos de radiante verosimilitud.

En arquitectura la cúpula habla del cosmos en el concepto romano y aún mejor en el renacentista y la ojiva es la oración a lo eterno en vibrante anhelo. La poesía lleva la ira de Dante a las regiones fantásticas del alma humana en místicos castigos y recompensas. San Agustín, en prosa estupenda, inunda al espíritu de ese sentimiento ante lo insondable y Withman nos hace amar a la naturaleza fecunda y erótica.

Pero faltaba la melodía y el ritmo que palpitaran en estremecimientos de primitividad y en arrobamientos de éxtasis ante el espectáculo del nacimiento del universo y de la vida. Faltaba que la música desbordara su aliento en momentos de confusión como el caos y en instantes de orden y armonía como en el cosmos; que la melodía hiciera estremecer el corazón por el dolor del parto y fuera enternecedora en los instantes del amor. Y ritmo y melodía arrojaron luz como la primera que iluminó al Universo. En la sensibilidad de Haydn, y de los más grandes músicos que han existido, apareció el logos demiúrgico del pensamiento ático, el verbum como palabra de la nueva redención y la acción como el fluido eterno de la existencia en una nueva interpretación.

Se antoja comparar este Oratorio de Haydn con el doloroso Réquiem de Mozart, como el génesis al apocalipsis, como la palabra y la acción hecha luz, frente al último suspiro y al misterio de las tinieblas. El magnífico joyel sobre la Biblia que puliera Donoso Cortés vendría a ceñir estos conceptos en la intuición de los dos momentos sublimes de la existencia: el Nacimiento y la Muerte. Y al referirnos al discurso exquisito del orador también veríamos toda una serie interminable de hechos entre estos dos acontecimientos, a través de la historia, en éxitos, fracasos, virtudes y pecados del hombre, sin olvidar las palabras de redención, las ideas majestuosas de bondad y los eternos sacrificios por su liberación.

En realidad pocos músicos se han aventurado a llevar al campo de la emoción el comienzo del universo y del hombre, la primera palpitación de la vida. Es un tema de concepción del mundo y de la existencia en que el arte plástico ya ha descubierto senderos nuevos y la poesía ha tenido magníficos atisbos.

Ese tema que en los conceptos lleva esencias distintas, corresponde a principios de gran trascendencia en la historia de la cultura. En un principio fue el Logos, en un principio fue el Verbo, en un principio fue la Acción. He aquí tres sublimes pensamientos que corresponden a tres aspectos culturales en la sola interpretación del génesis del mundo.

Y es la inspiración de Haydn la que no sólo es la base de las formas más puras y nobles del arte musical como son la Sinfonía y el Cuarteto, sino la que aborda con energía el problema del símbolo y el tratamiento musical de programa.

Espíritu de nobleza, tuvo la penetración espiritual para llevar su pensamiento diáfano a la música de Cámara, su emoción a los colores orquestales de la sinfonía, su concepción religiosa al tema del Oratorio que nos describe la creación del universo y a los poemas que nos entregan las palabras dolorosas del Mesías en la Cruz y el ambiente de las Estaciones de la tierra.

Las Siete Palabras, son la interpretación musical de siete columnas en el sentimiento humano, de siete profundas meditaciones. Las Estaciones son la armonía deleitosa de la primavera, así como el espectáculo triste del invierno. Magníficos motivos para describirse con la orquesta y el Coro.

Y para coronar el canto de la naturaleza o el lamento del corazón viene "La Creación" que arrebata del génesis la palabra de la propia divinidad.

Sólo el "Mesías" de Haendel, supo llegar a mayor altura filosófica y musical y el "Parsifal" de Wagner, enlazar los dolores de Oriente y Occidente para una muy lejana liberación de la humanidad. Sólo la vigorosa orquestación de Ricardo Strauss, pudo haber presentado la apasionante figura de Zaratustra forjada en la mente de Nietzsche, la trágica de Salomé y en "Muerte y Transfiguración" la anulación de la vida y el sentido de ultratumba.

&&&

Después de esto no se encuentra Oratorio que sepa llegar a estas regiones, aun cuando en poemas musicales Ravel sí nos entrega el deleitoso paisaje de las emociones ingenuas de "Daphnis y Cloe", Debussy busca sonoridades en el mar y en el viento para describir el lenguaje de la naturaleza, Rimsky Korsakow arranca del clamor del pueblo el bullicioso canto de la Pascua Rusa y Hols encuentra sugerentes melodías representativas de esoterismo planetario.

Al oír "La Creación" sepamos embriagarnos del entusiasmo espiritual que nos ofrenda, pero con una alegría subjetiva que nos recuerde el verso bello y magnífico de Goethe en su "Fausto".

Doch ihr, die echten Göttersöhne,
Erfreut euch der Lebendig reichen Schöne!
Das Werdende, das ewig wirkt und lebt,
Umfass' euch mit der Liebe holden Schranken,
Und was in schwankender Erscheinung schwebt,
Befestiget mit dauernden Gedanken!

Pero vosotros, verdaderos hijos de Dios,
regocijáos en la espléndida belleza viviente.
Que la potencia creadora que perpetuamente obra y vive,
os circunde con dulces barreras de amor,
y lo que se cierne en el aire cual flotante aparición,
dadle fijeza con pensamientos duraderos.

Análisis de "LA CREACIÓN DEL MUNDO" ORATORIO DE FRANZ JOSEPH HAYDN

El Oratorio de la Creación consta de tres partes y 35 números. Del 1 al 14, la primera parte; del 15 al 27b la segunda y del 28 al 33 la última. Una obertura, 16 recitados o exposiciones de texto; tres duetos, 6 arias para soprano, tenor y bajo y algunos pasajes puramente instrumentales son el contenido de esta obra. Intervienen cinco solistas: Gabriel (Soprano); Uriel (Tenor); Rafael (Barítono); Eva (Soprano) y Adán (Bajo).

PRIMERA PARTE

CONTENIDO

Esta primera parte está dedicada a describir el origen del mundo aprovechando el texto bíblico del Génesis. Empieza con la representación del Caos que es la obertura (No.1); (nota)[1] en un principio Dios creó los cielos y la tierra (Recitado de Rafael, Bajo y Coro) (No. 2); después de desvanecerse bajo el rayo de luz las tinieblas aparecen el primer día (Aria de Uriel) (tenor) (No. 3); en forma enérgica y fugada se hace notar la huida de os malos espíritus de la desesperación, la maldición y la rabia que los acompañan en su caída (Coro); Dios hizo el firmamento, (Recitado de Rafael, bajo) (No. 4); en realidad es maravillosa la obra (Soprano y coro) (No. 5); y Dios dijo: "Júntense las aguas y formó el océano y la tierra" (Recitado de Rafael, bajo) (No. 6). "Las aguas corrían a formar los mares" (con bellísima introducción orquestal se inicia esta Aria del bajo) (No. 7); y Dios ordenó: "Sea la tierra" (Recitado de Gabriel, soprano) (No. 8). Era bello y sorprendente el espectáculo (bellísima Aria de la soprano) (No. 9); y los cielos proclamaban en tercer día de la Creación, (Recitado del tenor Uriel) (No. 10). Las arpas y las liras entonaban cantos así como nacía el regocijo en el espíritu de la Divinidad. (Coro en movimiento rápido) (No. 11). Dios dijo: "La luz del firmamento divida al día de la noche", (Recitado de Uriel, tenor) (No. 12); el esplendor brilló con los rayos del sol, (Recitado del tenor) (No. 13); y los cielos relataron la Gloria del

[1] Los números corresponden a las partes en la obra

Señor, (Coro y trío formado de Gabriel, Uriel y Rafael; en forma fugada y magnífica) (No. 14); terminando así la primera parte del Oratorio.

El recitado primero (No.2) el bajo díselo con propiedad y firmeza y el coro sabe darle un matiz adecuado que empieza por un pianísimo hasta llegar a la plenitud de fuerza con dominio de técnica y expresión. La segunda aria que corresponde al tenor (No. 3) es de una delicadeza suma, terminando este pasaje con la fuga del coro que muestra el regocijo más atrayente.

Hace de notar en esta fuga y en la empleada al final de la segunda parte, el buen manejo de esta forma musical. El coro debe estar diestro en el estilo fugado; no confundir los motivos y demás elementos. En realidad la forma de atacar la vox antecedens así como la respuesta o vox concequens es fácil hacerlo; no así los divertimentos que, como puentes, unen elementos armónicos o sirven para redondear los períodos formando simetrías. En las obras escritas a cappella (forma coral) estos divertimentos son cortos como sucede en las obras de Bach y especialmente en el famoso Motete No. 6 y en las fugas del Oratorio de Israel de Händel; y sólo adquiere mayor extensión cuando se les encarga a la orquesta para hacer lucir al coro en sus nuevas entradas. El coro debe prestar toda su atención a estos elementos esenciales para hacer valer, con su debido matiz, estrechos, aumentos o disminuciones del tema, movimientos contrarios, refuerzos en las cadencias y en el transcurso de las fugas cromáticas, velocidades marcadas e integridad del texto.

En lo que respecta al recitado del bajo en "Dios hizo el firmamento", debe hacerse con bastante firmeza.

En la parte coral hay aquí un magnífico contraste de intensidad y velocidad de piano a fuerte, de lentitud a rapidez. Se trata de representar la precipitación de los vientos y el rumor de un cielo cruel como corresponde al nacimiento de una nueva vida. En cierto instante se ilumina el ambiente; y en lugar de la tormenta aparece la lluvia tranquilizadora que conforta al espíritu.

En un ambiente de placer espiritual se entona el Aria de Gabriel que corresponde a la Soprano. El coro debe mostrarse discreto y los matices impuestos a la orquesta y a las voces deben ser bellamente expresados.

El efecto de las aguas (No. 8) dado por la orquesta cuando se inicia la Creación de los mares y ríos, de las cascadas y lagos es sorprendente.

Deliciosas melodías hace de la voz del bajo un esplendor. El efecto de los tresillos en el movimiento lento hace transparente y diáfana la música que se muestra con cierta remembranza mozartina. En el recitado (Nos. 8 y 9) de la soprano de la notable aria "La campiña cubierta con vegetación manifiéstase deliciosa a la atracción de los sentidos" aún adquiere mayor esplendor la magnífica voz de la soprano. Es un delicioso y magnífico momento.

Ya en el instante en que el coro entona el cántico a la naturaleza, con la mención al dulce tañido del arpa en Loor al Señor, se siente el espíritu del pueblo cuando hay comunidad en el goce de la felicidad, cuando se tiene el contagio de la bondad como acontece, por ejemplo, en la Aleluya del Mesías de Händel o en el Himno a la Alegría en la Novena Sinfonía de Beethoven. El coro debe cantar esta parte con verdadera maestría.

Como un puente esplendoroso, para llevar más al desbordamiento del entusiasmo, el tenor hace mención en un Adagio magnífico, a la tranquilidad de la noche con la luz plateada de la luna. Es el comienzo de la aurora. Inmediatamente después, empleando un Allegro, se siente la emoción ante un paisaje inundado por los primeros rayos del Sol, en donde brilla todo lo hecho con ese fulgor propio de las creaciones cósmicas.

Este puente conduce a la máxima felicidad. El coro entona himnos a la gloria del Omnipotente por su obra imperecedera. Se recuerda la frase "En un principio fue la acción", que se hace más intensa en nuestro espíritu gracias al ambiente formado. El coro animoso y con fervor cantó la Fuga y el desbordamiento de belleza y de gozo sólo puede compararse al que, en manera siempre sentida y rebosante, iluminada la mirada de todos los rostros de los creyentes cuando se cantan oratorios de esta naturaleza en los recintos llenos de serenidad y nobleza de las Catedrales de la Edad Media.

Es aquí donde las resonancias del coro en las bóvedas, la sentida voz de los solistas combinada con el infinito enramaje de las columnas, la orquesta en armonía con la belleza incomparable de los vitrales medioevos y todo envuelto en incienso que imparte serenidad y beatitud; forman ese conjunto que en una época, pletórica de sentido, supo esculpir en las estatuas de rostros lánguidos, en os florones de exquisitas estructuras, en los tejidos de la talla o en las alturas inconmensurables de las naves, la exclamación sublime que dice al hombre: –¡He aquí la vida eterna del espíritu!

SEGUNDA PARTE

CONTENIDO

La segunda parte comprende el nacimiento de todos los seres de la creación, especialmente del hombre. Es una alabanza constante a cada uno de estos hechos de simbólica realización. La soprano en papel de Gabriel menciona el mandato de la Divinidad para que en las aguas aparezcan los peces y en el aire las aves (aria) (No. 15). Fue en este momento cuando el águila emprendió su vuelo con majestuoso donaire, la felicidad se albergó en la alondra y la ternura en la paloma (No. 16). Al esplendor del sol que fertiliza la tierra (Recitativo de Rafael, bajo) (No. 17) los ángeles entonaban su cántico a la obra realizada en el quinto día de la Creación (Recitativo del bajo) (No. 18). El trío de soprano, tenor y bajo llevan a los espíritus de los oyentes el sentimiento que se nota en la bella apariencia que existe en la tierra y en los seres, así como en el sombrío espectáculo del Lebiatán. (Trío de Gabriel, Uriel y Rafael) (No. 19). Acompañado del coro el trío alaba la Gloria del Señor que ha esparcido la vida sobre la tierra (Recitativo de Rafael) (No. 21); en que aparecen todos los animales hasta los insectos (Aria del bajo) (Nos. 22 y 23).

En ese momento se crea al hombre a semejanza de la Divinidad (Recitativo de Uriel, tenor) (No. 24) como joyel de la creación, (Aria de tenor) (No. 25). Para terminar el sexto día en una obra perfecta (Recitativos de Rafael) (No. 26); entonándose nuevas alabanzas de ternura exquisita (Coro) (No. 27) y el aleluya con un poder fascinador. (Después del trío, el coro) (27a y 27b).

Tal es el contenido de la segunda parte, llena de fértil realidad en la eterna concepción de lo creado.

¡Cómo se recuerda la bella mitología helénica, la potente y vigorosa fantasía hindú, el misterioso fatalismo maya o las desbordantes vitalidades de los Nibelungos en la descripción de la Creación del Mundo! Pero también cómo se nota un aliento humanizado del génesis bíblico que llena el espíritu, no de los poderes fantasmales y ultraterrestres, sino de la sencillez de la vida y de aliento de toda existencia humana.

Hay en la "Creación" de Haydn, como lo hay también en el texto de origen, un sentido humano, una sugerente realidad que acerca al hombre a la Divinidad en el instante mismo en que la Creación se realiza.

EJECUCIÓN

Esta segunda parte de la obra debe ser ejecutada con notable destreza. La orquesta y el coro deben sentirse dueños de sí. La soprano, al principiar esta parte, entona el Aria que se refiere a la creación de las aves. La iniciación de la orquesta es magnífica y la ligereza y el trinar de la soprano dan una perfecta cuenta del motivo.

El recitado del bajo, el trío y el coro deben sentir con profunda emoción tan sutiles y nobles melodías.

La descripción de la fertilidad del mundo es cantada por el bajo. En realidad e presto del Recitativo (22) es de una nobleza digna de Haydn.

En contraste, a este movimiento, la orquesta llega a esa fuerza majestuosa y el bajo en sus notas graves señala pasajes que nos recuerdan aquellos que existe en la Flauta Mágica de Mozart y son entonados por el bajo en plegaria religiosa.

El recitativo del tenor para describir la Creación del hombre (No. 11) es de lo más apasionado, hay momentos de intenso deleite en este recitado, sobre todo cuando al terminar el movimiento alternan los cellos con el tenor en un ambiente de exquisita ternura.

Llegase al final en que se alaba la creación y el coro frenético entona una magnífica fuga. Alternan el coro con el trío en un ambiente de entusiasmo y frenesí.

TERCERA PARTE

Esta parte del Oratorio corresponde al amor. Es la ternura de la esposa, es la fuerza y la dignidad del esposo. Hay dúos de amor de maravillosa interpretación y de inspiración sublime. Muchas veces hemos pensado que Haydn tuvo el talento especial para haber hecho óperas de la más exquisita naturaleza. No es el simbólico Mozart, ni tampoco el delirante y frenético Wagner para describirnos, como el primero, deliciosas páginas de ensueño y, como el segundo, apasionadas escenas de desbordamiento emocional; es Haydn el artista más humano y a la vez más acercado a las pasiones y noblezas del hombre. Ya las "Siete Palabras" nos lo presentan con esa profundidad que sólo se tiene a quien ha meditado y sentido la fuerza del sufrimiento y la esperanza de redención.

CONTENIDO

En la tercera parte se describe: un ambiente de dulce calma en donde nace el nuevo día (introducción y recitativo del tenor Uriel) (No. 28); Adán y Eva entonan cantos de gratitud, (la soprano, en papel de Eva y el bajo, en el de Adán, además de coros) (No. 29); Adán habla de su felicidad y obediencia (Adán, bajo) (No. 30) y entablan el más bello canto de amor (dueto de Adán y Eva) (No. 31).

Este dueto un poco extenso, es una joya por la diafanidad, la ternura y la belleza contrapuntística de las voces y de la orquesta. ¡Qué diferencia tan grande existe entre este diálogo y de los de Tristán e Isolda, Pelléas y Mélisande y Daphnis y Chloé! Aquí hay inocencia y placidez primitivas, arrebatos sin malicia y dádiva sin sufrimiento; en cambio en Wagner hay pasión desorbitante, arrebato de lucha amatoria en la Opera de Debussy, nostalgia, pesadumbre de pecado, romántico simbolismo de tormento que mortifica, y en el poema orquestal de Ravel hay sencillez apolínea, virtud o areté griega.

En un breve recitado Uriel hace mención a la felicidad de la primera pareja en la tierra (tenor) (No. 32) y el coro llena de alegría y beatitud el ambiente entonando un himno de alabanza a la Divinidad, siempre en forma fugística y en donde las loas y las palabras llevan el entusiasmo espiritual a todos los oyentes (coro) (No. 33) en un apoteosis de felicidad para todos los corazones.

LA ACTUACIÓN

La orquesta, siempre dúctil y bien manejada en el amanecer de la Creación da una buena impresión de un despertar cadencioso y reposado; las cuerdas cantan con arrobamiento; las flautas y los cornos se combinan en un efecto estupendo y todo señala dicha y tranquilidad.

Uriel o sea el tenor, entona el recitado con exquisita expresión. En seguida la participación de Adán, en voz de bajo sabe dar ambiente de belleza.

El coro se emplea en esta ocasión para crear ambiente y la orquesta en pizzicatto delicado nos da la impresión de una felicidad espiritual. Música que nos hace recordar el carácter sereno y dulce de las Madonas de Rafael y el deleite de los serafines en el diestro y singular pincel de Fray Angélico.

De este Adagio se pasa al Allegro en que la vida se manifiesta ya con los ardores de la pasión. El bajo es expresivo y el coro entona con viveza y calor sus frases dado el carácter a la obra. La misma soprano en el papel de Eva alterna con el bajo, y ambos, en crescendo de emoción llegan hasta el delirio, no de la beatitud como en los finales de la primera y segunda parte, que son himnos a la divinidad, sino de la más pura humanización. Se siente el palpitar del corazón cuando se acerca la vida y nace en él el dulce sentimiento del amor. Amor de Afrodita, con su canto lleno de pasión, contrastando con la serenidad de Urania que sentimos en las dos primeras partes del Oratorio, que es una belleza embriagada de desinterés y contemplación.

En realidad sabe expresar Haydn el amor, sublime y magnífico sin duda, de Urania que corresponden al placer espiritual y también reproducir los amores de Afrodita que señalan una vida gozosa y atormentada de la humanidad, pero redentora por el sufrimiento.

Llegase, después de un pequeño dueto, a la página más expresiva de la obra de Haydn: al bellísimo dueto de Adán y Eva, en que uno y otro, amorosamente, se acercan. "¡Oh mi adorada esposa!". Son las expresiones que más tarde brotan con las palabras más dulces que la boca del hombre ha podido pronunciar. Al pasar del Adagio al Allegro debe hacerse sin gran contraste, pues la emoción que domina debe ser siempre tranquila y serena. El diálogo entre la soprano y el bajo (Adán y Eva) es de lo más delicioso. Su combinación con el conjunto coral, enardece nuestra alma que no tiene palabras para tan estupendo instante. Sólo es comparable esta emoción a la que hemos gozado al oír la oda a la alegría en la Novena Sinfonía de Beethoven, ciertos momentos en el Canto a la Tierra de Malher, en el Aleluya del Mesías de Händel o en los salmos de Stravinsky. Son instantes de desbordamientos en amor a la humanidad.

El último coro de la Creación es un brote de entusiasmo por la obra y el Creador y debe ser entonado con fervor. Con majestad como corresponde al Andante con que se inicia el último momento se toca esta parte para llegar al Allegro que es un himno de alabanza, en que los solistas alternan con el coro y cierran con la palabra Amén.

EPÍLOGO

Por lo que nos dicen los programas y las críticas de entonces, este Oratorio fue cantado por primera vez la noche del 19 de marzo de 1799. De esta fecha en adelante se disputaron en Iglesias y en Salas de Concierto la primacía: "El Mesías" de Händel, que fue estrenado exactamente hace dos siglos (1743); con la solemnidad y profundidad de sus coros y a

"Creación del Mundo" de Haydn con la belleza de su orquestación y el optimismo de sus motivos corales.

También nos dicen las actas que Haydn nació en Rhorau, bello pueblo de Austria, en el año de 1732 y bajó a la tumba en 1809, cuando resonaban los clarines de la guerra en su perpetua ambición de poder.

Por último, loa anales refieren que Franz Joseph Haydn tuvo humilde cuna y que sólo su esfuerzo benefició al mundo de poseer una obra inmortal que, con toda seguridad, siempre llevará la frescura de una primavera al espíritu humano.

Jardines del Templo de Meiji, Tokyo

EL POEMA MISTICO

EN EL TEATRO
Y EN EL
POEMA SINFONICO

PARSIFAL DE RICARDO WAGNER

"EL PARSIFAL"

UN NUEVO ORATORIO

El Mesías de Haendel nos entregó la vida dolorosa y a la vez salvadora del Mesías. El Réquiem de Mozart nos ha llevado a los momentos trascendentales del dolor y de la muerte; y ahora el Parsifal de Wagner nos conducirá al intento de una iniciación en que va a descubrirse la superación del espíritu hasta llegar a su prístina pureza. Parsifal señala, a través de una vida intensa, la iniciación ingenua ante la vida y el símbolo, más tarde, por el dolor, la superación al alma consiente y pletórica de realidad, y por último, al espíritu que encontrado en sí mismo, se traduce en su propia eternidad. Para llegar a este último término será preciso que la caminata sea larga y siempre victoriosa, que el ascenso se realice dominando a las pasiones y ejercitando las virtudes, que se tenga la intuición para el camino recto y con ello se descubra la naturaleza del hombre en sus más íntimas realidades.

Pocas obras en el arte musical se han dedicado a señalar en cada uno de sus pasajes un símbolo, a descifrar un destino, a establecer una senda de purificación. Sólo recordaremos la Flauta Encantada de Mozart en que Tamino aspira y llega a la sabiduría por el proceso de la purificación; en el campo poético Fausto de Goethe que es toda una línea de comprensión para la naturaleza; la Divina Comedia que a través de toda esa serie de imaginaciones fantásticas, nos descubre también un camino de perfección hasta llegar a la rosa Mística. En Literatura los ejemplos se multiplican, máxime si atendemos a fines de la Edad Media y encontramos los cantos magníficos de los Trovadores y Meistersinger que como caballeros Templarios juraban lealtad y valor para defender el símbolo de la pureza y de la salvación.

Los motivos que sirven de médula a la obra de Wagner han llegado a la máxima expresión. Ya en el Anillo de los Nibelungos la concepción temática tuvo un esplendor magnífico, en Tristán e Isolda aún es más penetrante; pero en Parsifal sólo existe la esencia y con ello la plenitud del significado y la belleza de la intuición profunda. Os motivos de la Ultima Cena, de la Fe, de la Lanza, del Santo Graal que no es otra cosa que el Amén de Dresde, etc., aprovechando movimientos, timbres, ritmos, voces y demás elementos musicales; tienen el resplandor propio que el dolor, la alegría, la serenidad o la creencia imprimen en la conciencia.

Pero no es sólo el encuentro de los motivos musicales lo que más nos va a interesar al escuchar Parsifal de Wagner; es la interpretación de los actos mismos, la profunda significación de las pasiones y de los estados anímicos que a cada paso van dominando en la escena.

Ya es la inexperiencia de Parsifal al destruir la vida del cisne que llevaba presagio de salud. Ya es la conducción de Parsifal por Gunermans al templo sagrado por un camino que va de la floresta alegre a la roca impía. Ya es la descripción en el espacio de la cruz cuando Parsifal enarbola la lanza como signo de victoria. Ya es a propia lanza que hiere y cura. Ya es, es fin, la serie de hechos que no tienen una simple interpretación sino que requieren el sentido más profundo de nuestro saber y aún más de nuestra vivencia para poderlos apreciar en su justo valor.

En realidad, el esoterismo de Parsifal, como el de la Divina Comedia, el del Fausto, el de la Flauta Encantada, va a manifestarse como un intento supremo del hombre para descubrir el infinito en su propia conciencia, lo eterno en su propio ser. Das Ewigen, como diría Max Scheller a tratar de profundizar en su antropología la naturaleza del hombre a través de todos los tiempos.

El solo preludio señala ya un campo, de tan vastas proporciones, que solo al oírlo podemos creer que pudo haber sido hecho al amparo de una intuición magnífica; tal como nos sucede cuando contemplamos la Catedral de Colonia o la Noche en la Ronda Nocturna de Rembrandt. En este magnífico preludio encontraremos, aprovechando la música, la dulce pero a la vez sentida frase de la Ultima Cena que representa el amor universal; el motivo del Graal, que para ello se toma el Amén de Dresde, como símbolo precioso del contacto humano con lo divino, como luz radiante de un sacrificio para llevar paz a los hombres de buen voluntad; el motivo de la Fe, para señalar en cada momento de la Historia de la humanidad y de la vida del hombre un anhelo supremo de liberación y aún de salvación y la Lanza como esa fuerza que impulsa a la Humanidad para regenerarse a pesar de sus dolores y de sus infamias. La música nos entregará el profundo sentido de quien entrega su cuerpo y su alma al bien de los hombres en la Ultima Cena, de la Fe que envuelve a la lanza en su magnífica ascensión a lo perfecto y la serenidad en este ambiente del Santo Graal como condición suprema de toda alma de salvación.

Nada es tan bello en el Preludio del Parsifal como la sucesión de timbres aprovechados para el motivo de la Fe. Son los cobres, los latones, los alientos los que llevan con fuerza penetrante esa resolución; así como las cuerdas, dulcemente frotadas, nos entregaran la beatitud de la Copa en que Jesús escanciara el vino que es sangre y de esta mismas forma, en estos mismos instrumentos, pero en manera rápida y siempre en forma ascendente, la Lanza veráse como incrustándose en los cielos y señalando al infinito en anhelo de salvación.

Pero si pasamos del preludio y llegamos a la escena del Rito con el santo Graal, en que los sacerdotes, en procesión llegan a templo para elevar sus mejores plegarias a la Divinidad, para jurar fe y lealtad a sus principios, para reafirmar sus virtudes como caballeros Templarios; entonces el espíritu adquiere un vigor extraordinario, el canto maravilla por su majestad y toda la escena presenta la magnificencia de algo revelado a la concepción humana, de lo sobrenatural a que sólo la intuición del hombre ha podido llegar.

Pero la técnica orquestal y coral de Wagner no se detiene en estos momentos de apoteosis y de majestad, sabe manejar el ambiente para crear la transparencia de las cosas vanas, el lenguaje de los llamados lujuriosos, el transporte de los deleites que en las regiones de la maldad hacen del hombre un caos y del espíritu humano su propia nulidad. Es en el jardín del Castillo de Klingsor donde las mujeres convertidas en flores entonan sus cantos que se mezclan con el bullicio violento, rápido, sutil, del encantamiento y de la perversión de lo que atrae sin sentido pero que seduce por su belleza exterior.

Y contrastando con este pasaje de honda frivolidad nos entregará Wagner la música del Viernes Santo en que Parsifal libera su conciencia, ha encontrado el sendero de la beatitud y en ese ambiente de dolor por la caída del Mesías ante la injusticia de los hombres, Parsifal sabe llegar a la cumbre de la esencia divina en íntima compenetración de la naturaleza humana. Momento de profundo dolor y angustia, pero a la vez de encuentro sublime y sobrenatural; momento que nos ha descubierto que sólo la angustia encuentra al ser y que sólo el dolor descubre la felicidad suprema.

En realidad el poema se refiere a la evolución del alma, de tal manera que de acuerdo con las doctrinas esotéricas se pasa del alma material a la espiritual, y de ésta a la divina. Es el pensamiento de Wagner, entonces, uno de los más profundos en la interpretación y en la comprensión del espíritu humano. Es así como Parsifal, en un principio inconsciente y con esa simplicidad que entrega la naturaleza, que no lleva maldad ni perversidad, pero que sí supone la mayor simpleza e ingenuidad; pasa a conquistar el alma espiritual cuando resiste a las tentaciones del jardín encantado de Klingsor y por medio de la piedad, él supera su propio yo. Pero aún le falta llegar a un estadio superior, a la súper-conciencia. Y esto lo logra cuando ya él investido caballero Templario celebra el rito del Santo Graal. Tres momentos supremos que a través de esta gran obra presentáranse llenos del verdor de la poesía y empapados de un simbolismo musical que supo aprovechar al estilo barroco por el empleo magistral de la orquesta y de las voces, en un ambiente de justa coordinación de todas las bellas artes.

Hay aquí la poesía que rememora las últimas épocas de la impenetrable Edad Media, las artes plásticas en el escenario presentan toda su magnificencia a través de la imaginación portentosa de éste artista que sabe llevar a la visualidad lo mismo al campo de los paraísos encantados del Castillo de Klingsor en que las mujeres son flores; así como a la solemne mansión del templo en que se conserva entre los inciensos y las riquezas de la orfebrería, el Santo Graal conteniendo la vida del espíritu y la promesa de la redención.

Pero también se añade a la poesía y a la visión plástica de los colores y de las formas, de los claros obscuros y de las perspectivas, el ambiente musical lleno de todos los timbres que saben expresar el dolor o la alegría; de todas las voces que interpretan la confesión o el placer, la oración o el grito de desesperanza. Música que aprovechando la armonía, que señalando una vastísima orquestación, que aprovechando solistas y grandes masas corales, sabe llevar a nuestra conciencia la pureza del motivo, el enlace de las pasiones y en momentos especiales, por ejemplo, la Fe que parece enlazarse con el símbolo de la Lanza para aspirar a un mundo de elevación espiritual.

Pero no contento Wagner con haber coordinado las bellas musas en todo su esplendor y belleza, llama a la filosofía para que aliente a sus símbolos, para que ilumine la conciencia del mundo, para que abogue por la salvación de la humanidad en aras de lo espiritual. Cada motivo es la concentración de virtud y de maldad, de encadenamiento y libertad, de angustia y felicidad. Cada objeto y cada acción tienen su significado dentro de una filosofía que sabe llevar a la conciencia a las regiones en donde la renunciación de lo material conquista la riqueza de lo espiritual; en donde el dolor sufrido intensamente, sabe descubrir el sendero de la perfección y el encuentro de la Divinidad. Es la filosofía, no sólo del Occidente sino también de ese profundo mundo del Oriente, la que brillará a través de la conciencia de Jesús y de Buda, de tal manera que el Parsifal, por ejemplo, tratará de adunar las dos figuras sublimes para llevarnos a las virtudes teologales del cristianismo en el camino del dolor y del Nirvana búdicos. Sus grandes maestros en filosofía vendrán a ser los Evangelios del cristianismo y los que profundizaron el Oriente como Schopenhauer. Sus ideales llegarán a ser el principio de salvación en la mente del hombre profundamente puro, pero a la vez lleno del valor para defender la virtud por medio del sacrificio y de la muerte.

Pocos artistas y aún filósofos se han acercado a aquéllas épocas de fines de la Edad Media en que los caballeros andantes llevaban su nueva defendiendo a su Orden y tratando de realizar los ideales de la misma. Los trovadores y los juglares, los bardos y los Meistersinger, entonaban sus cantos y sus poesías, que parecían, a primera vista, el aliento de una poesía simple y romántica, pero que en el fondo sabían guardar la luz esplendorosa de los ideales humanistas que forjaban el espíritu de la época.

La caballería germánica habría de crear con Hartmann de Aue, el Caballero Doliente, Wolfram de Eschenbach, el Caballero Blanco, y Gottfried de Straszburg, el Caballero Enamorado, la más célebre trilogía para llegar a los más sublimes poemas como el de Tristán, el del Pobre Henrique y el del Parsifal. Es el poema de Tristán, sin duda, uno de los más bellos libros de amor de todos los tiempos. Gottfried de Straszburg tiene la elegancia en el verso, la pulcritud rítmica y a la vez el empleo de palabras y términos exóticos; Hartmann de Aue hace el relato del pobre Henrique en que las virtudes aparecen como salvadoras de la Humanidad y Wolfram de Eschenbac crea el Parsifal que es el poema de la perfección moral y a la vez el sentido trascendente de la verdad divina.

Y estos caballeros Templarios que pertenecen a la orden que sabe guardar el sendero de la virtud y aspira llegar a la nobleza de la salvación del mundo; así como aquél Minnesinger que en lírica sencilla e ingenua pero profundamente fresca y lozana, Walter von der Vogelweide, han de servir a Wagner como punto de partida a sus monumentales catedrales sonoras que llevarán a través de todos los tiempos cincelada la verdad estampada de la salvación, en una armónica relación del espíritu y la Divinidad.

El mismo Wagner ha escrito en sus memorias: "Durante mis vacaciones, resuelto a llevar una vida de las más tranquilas, no hacía más que una lectura agradable: los Poemas de Wolfram de Eschenbach, de Gottfried de Straszburg, de Walter von der Vogelweide y la epopeya anónima de Lohengrin. Con los libros bajo el brazo me perdía en el bosque; después, teniendo cerca de su arroyo, me distraía vagando como Titurel y Parsifal, personajes de los poemas tan raros, y, sin embargo, tan familiares de Wolfram".

¡Cómo no había de ilustrar la fantasía musical de Wagner, el esplendor de esos cantos que llegarán hasta los románticos como Novalis y Tieck, Kleist y Altenberg y sobre todo Goethe, el que supo apreciar las formas del naturalismo y crear en el Fausto todo un símbolo que aún exige una justa interpretación para desentrañar el ideal que este poeta tuvo la felicidad! Fue en la canción de Vogelweite donde encontró Wagner la tristeza del mundo y el sendero del amor; fue en el poema de Straszburg donde halló la elegancia de la frase, los más sublimes arrebatos de la fantasía para los lugares del espíritu y de la naturaleza; pero sobre todo fue en Wolfram de Eschenbach donde su alma descubrió el sendero del corazón humano en aras de la religión profundamente místicas de la redención.

EL Parsifal, la Flauta Mágica y el Fausto representan la lucha eterna entre el oscurantismo y la luz de la razón. Pero mientras Mozart llega a la renovación o regeneración del espíritu, Wagner descubre el pináculo de la redención. Redención que supone la apalabra mística, la vida purgativa, la vida de exaltación a la pureza y a la comprensión del mundo. Redención que sólo la sangre y el dolor saben descubrirla a la faz de la humanidad; que sólo y únicamente la iniciación y la angustia, la esplendidez del espíritu y el poder de una voluntad ascensional, pueden llevarla a ser realidad.

Todos los hechos de Parsifal constituyen un motivo de encadenamiento a este ascenso. Cuando mata al cisne, es decir a la pureza, lo hace representando al espíritu material, pero cuando llega así el dolor por este hecho demuestra una vez más que su espíritu era puro y que tenía la simplicidad como escudo en el combate. Cuando sufre por el dolor de Amfortas y coloca la mano sobre el corazón, ya es el hombre que no sólo tiene dolor por la naturaleza animal, sino que sabe recoger la angustia del semejante y sugiere a su propia conciencia un mundo de comprensión humana.

Cuando Parsifal describe la cruz en el combate con Klingsor, entonces la conciencia espiritual nace fervorosa y el espíritu que radiante de belleza señala la evolución de las almas hacia su propia renovación y comprendía al Universo en sus cuatro puntos cardinales. Por último cuando Parsifal se acerca al rito sagrado, su perfección alcanza límite y es entonces cuando todo el esplendor del rito señala un nuevo mundo de salvación, pero a la vez una justa vivencia de la redención del Mesías.

A través de la obra de los círculos que describe el cisne guardan la simbología del infinito; la copa sagrada representa la sabiduría del mundo y el emblema de la perfección; la lanza es la aspiración hacia las regiones de mayor altura y claridad; el mismo viaje por paisajes distintos nos está diciendo de caminos de perfección y de senderos de salvación.

¿Y qué diremos cuando Gunermanz le advierte a Parsifal en el momento mismo en que se dirige al templo de allí el tiempo se convierte en espacio, justa interpretación del misterio de la evolución de la vida en todos sus aspectos, justa interpretación del misterio de la evolución de la vida en todos sus aspectos? ¿Qué podemos decir del deseo de Kundri para descansar y del olvido del mismo Parsifal de su propio nombre que no son más que reminiscencias de la teoría de la reencarnación? ¿Qué podemos exclamar cuando el conocimiento se entrega a Parsifal gradualmente y el sufrimiento ahonda su propia conciencia?

Jardines de Ginkaku-ji, Kyoto

LA CANCIÓN DE LA TIERRA
DE
GUSTAV MAHLER

"CANTO DE LA TIERRA"
Gustav Mahler
Sinfonía o Ciclo de Cantos para Tenor, Contralto y Orquesta.

CHARLES KULLMAN, tenor; y KERSTIN THORBERG, contralto; y la Orquesta Filarmónica de Viena, conducida por BRUNO WALTER.

1. El Brindis del Yunque de la Tierra. ALLEGRO

2. Continúa. El vino hace señas en el vaso de oro.

3. El solitario en Otoño. LENTO

4. Continúa. Las nieblas de Otoño se extienden sobre los lagos.

5. De la Juventud. SCHERZO
En el medio de un estanque pequeño está un pabellón de porcelana.

6. De la Belleza. Jóvenes doncellas recogen flores de loto en la orilla del río.

7. Continúa.

8. El Topo en la Primavera. RONDO
La vida es un sueño.

9. La Despedida del Amigo. LENTO
Las flores palidecen en el crepúsculo.

10. Continúa.

11. Deseo por el Amor. (Continúa).

12. Obscuridad profunda. (Continúa).

13. Tú, mi amigo, la fortuna no fue bondadosa conmigo. (Continúa).

14. Última despedida de la Tierra. Eternamente. (Termina).

"LA CANCIÓN DE LA TIERRA"
Por
GUSTAV MAHLER

Mahler ha escrito la Canción de la Tierra con el más profundo sentimiento romántico. Para ello se ha inspirado en la poesía tradicional de China y sabe conducirnos por las regiones de a fantasía y de la imaginación en que Li–Tai–Po, Tchang–Tsi, Mong–Kao–Yen y Wagng–wei, han sabido expresar la Filosofía tradicional del Oriente. Es la canción a la tierra un aliento para la vida, una llamada a la bebida espiritual, pero también una triste caminata hacia la región de la muerte, hacia el imperio de la eternidad.

Los cantos nos llevarán a los momentos de mayor embriaguez anímica para la recreación de la propia existencia. Nos relatarán al Solitario en Otoño que pide amargamente amor, en tanto que su corazón está fatigado y su espíritu anhela la paz. Se verá en la lejanía el entusiasmo de la Juventud y la magnificencia de la Belleza, pero se llegará a la despedida de la Tierra para sentir el poder de la eternidad.

No es el canto de Walt Witmann el que resurja para gozar de la naturaleza, cantar a la vía pública; sino todo lo contrario, aquél que quiere la sumersión en el espíritu, pero que también se lamenta de una vida sin los goces del amor, sin las alegrías de la dádiva ferviente de la felicidad. Son estados anímicos que describiendo los paisajes más bellos, sin embargo todo se ve a través de la neblina, se descubre en la lejanía como un anhelo y se pierde como un suspiro.

Gustav Mahler, austriaco, nació en Kalischt perteneciente a Bohemia, a mediados del siglo XIX, discípulo de Brückner, continúa la tradición romántica de Beethoven. Es un destello de romanticismo inspirado en poesía sabia y especialmente oriental. Se acerca su estilo al de Wagner por su manejo orquestal, tiene la preocupación de la Novena Sinfonía en cuatro de sus grandes conjuntos para orquesta y coros y no va como Max Reger hacia el clásico Bach, no intenta como Schünberg describir en disonancias y en formas atonales los sentimientos de Euterpe; sin embargo, con una visión distinta, es el paralelo de Debussy, quien supiera inspirarse en las estampas japonesas y de Scriabine que sintiera el alma eslava con frenética emoción. Mahler fue uno de esos hombres que más han sufrido por la incomprensión a sus obras. Momentos tuvo de sublime inspiración y encontramos en su música nuevos horizontes en el manejo de la orquesta y en su búsqueda constante a sonoridades misteriosas y a movimientos más de acuerdo con un estado anímico de alta subjetividad.

En sus arrebatos de gran expresión hace de la orquesta un elemento humano y sus partituras son interesantes porque en cada página se encuentran frases sobre las melodías en que se describen los intentos de su espíritu a través del desarrollo temático y aún de la calidad de timbre. El usará las trompetas enmudecidas, los violines tocados en su tabla con los dedos, las notas pausadas del cornetín y las combinaciones más caprichosas de los diversos instrumentos y voces, únicamente con el propósito de crean una nueva sonoridad más ajustada al motivo que trata de describir.

La Canción de la Tierra tiene toda la belleza de los paisajes orientales, es el recorrido por el mundo de las visiones pictóricas, llenas de efectos impresionistas, pletóricas de sugerencias; pero a la vez es también el recorrido de los estados anímicos más intensos, del pesimismo atormentador y de aquella ansia romántica, no por el amor humano sino por la eternidad.

Consta de seis cantos. A ellos Mahler les ha llamado sinfonía. El primero es allegro, se refiere al Brindis del Yunque de la Tierra; el segundo es lento, triste, se inspira en el Solitario en Otoño; el tercero y el cuarto tiempos son alegres y brillantes; corresponden más bien a unos scherzos, uno dedicado a la Juventud y el otro a la Belleza; el quinto sabe describirnos la pregunta eterna, del por qué la existencia, llega, como lo hiciera Li-Tai-Po, a señalar a la vida el carácter de un sueño y constituye más bien un Rondó en la forma musical. Por último, el sexto canto se refiere a la Despedida del Amigo. En él se escucha el dolor que se siente cuando las flores palidecen en el crepúsculo, el ansia del amor y la obscuridad profunda de un alma aislada, la tristeza de una vida sin fortuna y la despedida de la Tierra en un anhelo hacia lo infinito.

La Canción de la Tierra es la mejor obra de Mahler, escrita para orquesta, tenor y Contralto, nos sabe llevar a momentos deleitosos y a significaciones espirituales.

PRIMER CANTO
El Brindis del Yunque de la Tierra.

Allegro.
El vino hace señas en el vaso de oro.

El Canato a la Tierra empieza con el Brindis del Yunque de la Tierra. Aprovecha la bellísima poesía de Li-Tai-Po, ese exquisito poeta chino, y en el momento de impregnar, a través de la música el sentimiento de la embriaguez espiritual, lo hace con una profunda fe y una singular belleza. Su partitura muestra inquietud y fervor y el principio, en que se emplea al unísono lo cornetines para darnos una llamada de anhelo, no es otra cosa que la frase inicial a un poema que sabrá sacar as más recónditas emociones del propio corazón de Mahler.

Cuando el poema de Li-Tai-Po nos dice: "El vino hace señas en el vaso de oro, pero no beban todavía; primero yo cantaré una canción", los cuatro cornetines al unísono, en una frase de vigor extraordinario, hacen esta llamada y la voz del tenor comienza la frase con toda a despreocupación y el entusiasmo que la emoción poética exige.

"La canción del pesar sonará sonriente en vuestras almas". Con esta frase se interna, no en la risa franca, no en el placer desbordante, sino en esa alegría resignada que sólo se ampara en la embriaguez espiritual con el deleite del sufrimiento.

La orquesta es ligera y vibrante, hay instantes en que se la ve despreocupada y sigue a la canción con todo el fervor de una dicha resignada. "Cuando el pesar viene a los jardines del alma, yacen despojos del goce, del destino y de la muerte". Esta frase es dicha con dolor y aún con desesperación. En realidad, cuando el pesar viene a los jardines de alma, toda la alegría y la felicidad de otros tiempos no se convierten más que en despojos, y este mundo se torna una visión lejana de la Canción del Amor, del goce manifiesto años ha y del destino y de la muerte que se presentan con el furor de lo fatal. Es entonces cuando se pronuncia la más grave sentencia: "La obscuridad es la vida, la obscuridad es la muerte".

La poesía china es hondamente filosófica, tiene ese sabor que sólo entrega el pensamiento profundo y sabe llegar a la sensibilidad con la delicadeza más exquisita. Si bien es cierto que la poesía tiene una íntima relación con la pintura y que en cada verso hay un paisaje, sobre todo si nos referimos a la obra poética de Li-Tai-Po, de Wang-Wei, de Li-Liweng, de Liu-Yuhsi y de Tao-Yuanming y otros varios, también podemos decir que en todas ellas hay una expresión de belleza emocional que ve directamente al campo de los sentimientos profundos de la moral y de las más exquisitas reflexiones filosóficas. En realidad podría decirse que así como la poesía está íntimamente ligada a la pintura y hasta puede señalarse a ésta y a aquella en el campo del impresionismo y del paisaje pastoral, así también hay propiamente una fuerte realidad filosófica que jamás puede desprenderse de la literatura oriental.

Lin Yutang menciona en sus obras bellos poemas de Li-Tai-Po (701-762):

"Por encima de la cara del hombre se elevan las montañas;
Junto a la cabeza del caballo emergen las nubes".

Expresiones estas que inmediatamente sugieren una imaginación que corresponde al estilo pictórico.

Es así como Wang-Wei (699-759) el más grande poeta descriptivo de China, también nos dice:

"En las montañas una noche de lluvia,
Y sobre los árboles cien manantiales".

Lo que nos hace recordar la perspectiva más notable y además el paisaje de mayor intimidad.

Liu Yuhsi (772-843) nos llevará por el mismo campo:

"Es una escena otoñal; varios puntos de montañas sobre la pared".

Lo que demuestra un sentido estereoscópico de la distancia.

En esta forma el comentarista ve cómo la evocación de los cuadros pictóricos se presenta a través de la poesía china y nos menciona a los maestros de la poesía Pastoral como son: T'ao Yuanming (372-427), Hsieh Lingyun (385-433), Wang-Wei (699-759) y Wei Ingwu (740-830).

Entre los cuales Li-Tai-Po y Wang-Wei ocupan un lugar preferente.

En nuestra obra "Visiones de Oriente", al comentar los haikais japoneses hacemos hincapié en que cada una de las poesías del Oriente son motivo de sugerencia, estados anímicos que a través de las palabras, nos describen no sólo a la naturaleza, sino a los estados espirituales de mayor realidad. Y es natural. El método llamado hsing o sea de la evocación, corresponde a la naturaleza íntima de la poesía china o japonesa y es uno de los mayores galardones del arte oriental.

La poesía de Li-Tai-Po que inspira a los cantos de Mahler también posee ese sentimiento panteísta tan común en toda la filosofía del oriente. Un dar a la naturaleza sentimientos humanos y traducir sus expresiones a través de las diversas fases de la conciencia humana.

Los ejemplos que Kin Yutang menciona para ilustrar este aspecto son sumamente interesantes.

El bello poema de Li-Tai-Po dice:

"Avanzada la tarde pasé por las verdes colinas,
Y hasta casa me siguió la luna montañesa".

Y del mismo autor este otro poema:

> "Un jarro de vino entre las flores,
> A solas bebo sin compañía.
> A la luna invito como amigo en la bebida.
> Y ya somos tres con mi sombra.
> Mas la luna, ya veo, beber no quiere,
> Mi sombra tan solo me sigue:
> Un rato les haré compañía,
> Pues la primavera es para tener alegría.
> Canto: la luna mueve la cabeza;
> Bailo: mi sombra se agranda y se mueve.
> Juntos jugamos cuando estamos despiertos,
> Ebrios, cada uno su camino emprende.
> Un trío, eterno, mudo, pues
> Hasta que en el cielo nos unamos otra vez".

Con la misma tendencia encontramos dos versos significativos de Tu-Fu que dicen:

> "Veo la pena del viajero desvelado.
> Llegó la primavera del vagabundo tan ruidosa.
> Demasiado profusa la riqueza de las flores,
> Y muy gárrula la charla de las cotorras".
> "No son huérfanos los perales por mi mano plantados.
> Son como su hogar los muros chatos del anciano.
> Pero creyó poder regañarlos el viento de primavera.
> Y anoche quebró sus ramas el malvado".

En esta forma encontramos en toda la poesía oriental ese sentimiento de naturaleza que tan profundamente llevan no sólo los poetas chinos, sino los persas, los hindúes y los japoneses. En realidad hay un proceso de proyección sentimental, hay una einfühlung.

Pero el poema que inspira la primera canción de Mahler no sólo nos lleva a la descripción del paisaje y a la vivencia de las cosas humanizadas, sino que también se refiere al propósito de embriagarse de vino, que es uno de los mayores bienes de la tierra.

Esta manifestación de embriaguez la encontramos sobre todo en la filosofía Sufi que tan profundamente han sabido llevar los versos de los poetas del Irán. Estos constantemente nos hablarán de la embriaguez espiritual, y el vino representa un símbolo de singular belleza. Aún la Liturgia Cristiana menciona el mismo símbolo como un intento de purificación.

La primera parte del poema de Li-Tai-Po que inspira el primer canto de Mahler dice así:

1.Das Trinklied vom Jammer der Erde

Schon winkt der Wein im goldnen Pokale,
Doch trinkt noch nicht,
erst sing ich euch ein Lied!
Das Lied vom Kummer
soll auflachend in die Seele euch klingen.
Wenn der Kummer naht,
liegen wüst die Gärten der Seele,
Welkt hin und stirbt die Freude, der Gesang
Dunkel ist das Leben, ist der Tod.
Herr dieses Hauses!
Dein Keller birgt die Fülle
des goldenen Weins!
Hier, diese Laute nenn ich mein!
Die Laute schlagen und die Gläser leeren,
Das sind die Dinge, die zusammenpassen!
Ein voller Becher Weins zur rechten Zeit
Ist mehr wert als alle Reiche dieser Erde!
Dunkel ist das Leben, ist der Tod.

Das Firmament blaut ewig, und die Erde
Wird lange fest stehn
und aufblüh'n im Lenz.
Du aber, Mensch, wie lange lebst denn du?
Nicht hundert Jahre darfst du dich ergötzen
An all dem morschen Tande dieser Erde!

1. La Canción de Embriaguez de la Miseria de la Tierra.
Li-Tai-Po

"El vino hace señas en el vaso de oro.
Pero no beban todavía; primero yo cantaré una canción.
La Canción del pesar sonará sonriente en vuestras almas.
Cuando el pesar viene a los jardines del alma.
Yacen despojos del goce, del destino y de la muerte.
La obscuridad es vida, la obscuridad es muerte.

Señor de esta casa, cuya bodega está llena de vino de oro.
Aquí está este laúd que llamaré mío.
Tocad el laúd y agotad los vasos.
Un vaso lleno de vino es lo más rico.
Que todos los bienes de la tierra.
La obscuridad, es vida, la obscuridad es muerte.

El cielo está eternamente azul
Y la tierra estará siempre verde en primavera.
Pero tú, oh hombre, ¿cuánto tiempo vivirás?
Ni en cien años puedes gozar
Todas las bagatelas de esta tierra".

Hay sin embargo, envuelto en este ropaje de esperanza a lo espiritual, una figura siniestra que Li-Tai-Po nos muestra y que tiene la forma de las fantasías chinas que en ninguna parte del Oriente puédese encontrar:

Seht dort hinab!
Im Mondschein auf den Gräbern
Hockt eine wild-gespenstische Gestalt -
Ein Aff' ist's! Hört ihr, wie sein Heulen

Traducidos nos dice:

"¡Ved allá. A la luz de la luna y sobre las tumbas.
Una figura espectral se levanta. Es un mono.
Oíd como sus aullidos horadan el dulce perfume de la vida!"

Nada hay comparable a esta de terror siniestro, ese el destino fatal, es el misterio que jamás puede descubrirse y que los pueblos del oriente lo sienten en su propio ser.

Sin embargo termina Li-Tai-Po invitando a tomar el vino, ya que la obscuridad es vida y la obscuridad es muerte:

Jetzt nehmt den Wein!
Jetzt ist es Zeit, Genossen!
Leert eure goldnen Becher zu Grund!
Dunkel ist das Leben, ist der Tod.

"Ahora tomad el vino.
Es la hora, compañeros.
La obscuridad es vida, la obscuridad es muerte".

Hay en este último momento una resignación pero a la vez una imploración frenética.

Los pasajes de la poesía han sido traducidos en la música por Mahler con singular maestría.

SEGUNDO CANTO
El Solitario en Otoño

Lento.
Las nieblas de otoño se extienden sobre los lagos.
Tchang-Tsi.

Tchang-Tsi en bello poema ha iluminado la mente de Mahler para que en un paisaje lento y profundamente melancólico, la contralto nos conduzca a un estado de nostalgia pocas veces conseguido. A través de su desarrollo se notará cómo los instrumentos producen melodías lentas y con un espíritu apocado y sobre todo el oboe entona sus notas fúnebres que han dejado de ser serenas, las cuerdas son pálidas en su expresión, el clarinete bajo llega hasta lo profundo para señalar un misterio y la flauta sirve como eco a la voz cantante del oboe.

Aquí Mahler usa una combinación de timbres notables: el cornetín y el cello, el fagot y las violas; y también emplea el clarinete para describir la tristeza que trae el viento frío y el violín sabe cantar las estrofas de mayor ternura.

El texto del poema de Tchang-Tsi dice así:

II. Der Einsame im Herbst
Herbstnebel wallen bläulich überm See;
Vom Reif bezogen stehen alle Gräser;
Man meint,
ein Künstler habe Staub von Jade.
Über die feinen Blüten ausgestreut.

Der süße Duft der Blumen ist verflogen;
Ein kalter Wind beugt ihre Stengel nieder.
Bald werden die verwelkten,
goldnen Blätter
Der Lotosblüten auf dem Wasser zieh'n.
Mein Herz ist müde.
Meine kleine Lampe
Erlosch mit Knistern,
es gemahnt mich an den Schlaf.
Ich komm zu dir, traute Ruhestätte!
Ja, gib mir Ruh, ich hab Erquickung not!

Ich weine viel in meinen Einsamkeiten;
Der Herbst in meinem Herzen
währt zu lange;
Sonne der Liebe,
willst du nie mehr scheinen,
Um meine bittern Tränen
mild aufzutrocknen?

II. El Solitario en Otoño
Tchang-Tsi

"Las nieblas de otoño se extienden sobre los lagos;
La hierba permanece cubierta con escarcha.
Es como si un artista hubiera rociado polvo de jade
sobre la hierba fina.

El dulce perfume de las flores flota.
Un viento frío sacude sus tallos.
Pronto las marchitas hojas de oro del loto.
Florecerán flotando en el agua.

Mi corazón está fatigado.
Mi lamparita ha chisporroteado.
Todo me llama a descansar.
Voy a mis amados lugares de descanso.
¡Sí! Denme descanso, tengo necesidad de él.
Lloro mucho en mi soledad.
Pues el otoño en mi corazón ha permanecido mucho tiempo.
Sol de amor, ¿nunca brillarás sobre mí amablemente
para secar mis lágrimas amargas?"

Cuando la voz canta las palabras "Es como si un artista hubiera rociado polvo de jade sobre la hierba fina", hay una modulación de Sol menor a Re mayor y con eso se descubre un mundo de luminosidad tonal. La voz afirma prepotentemente este cambio y se desenvuelve en intervalos amplísimos, consiguiendo con ello describirnos las formas musicales en timbres, tonalidades y desarrollos melódicos, como pocos artistas lo han podido hacer.

Cuando el poema nos indica:

> "El dulce perfume de las flores flota.
> Un viento frío sacude sus tallos.
> Pronto las marchitas hojas de oro del loto,
> Florecerán flotando en el agua".

Con qué belleza Mahler nos descubre la venida del Invierno. ¡Cómo el dulce perfume de las flores irá alejándose como flotando sobre la atmósfera, el viento frío sacudirá con intensidad los tallos y las hojas de loto que se harán de color de oro y se posarán en la superficie de los lagos para mostrarnos un paisaje lleno de melancolía pero pletórico de belleza!

Y es natural que inmediatamente Tchang-Tsi en la poesía y Mahler en la música, se internen en sus propios espíritus y encuentren en el alma paralelos a lo descrito en la naturaleza:

> "Mi corazón está fatigado,
> Mi lamparita ha chisporroteado,
> Me llama a descansar".

La música se vuelve íntima y la melodía es deliciosa.

En realidad entre Li-Tai-Po y Tchang-Tsi hay una distinción marcada que los teóricos han señalado en la poesía china. La llamada poesía Haofang o del abandono romántico sabe entregarse a la naturaleza e identificarse con ella; y la llamada poesía Wanyüeh, es triste y esencialmente subjetiva. La primera adora la naturaleza y se acerca a la filosofía taoísta, la segunda se refugia en el dolor y anhela un mundo de paz y serenidad y nos recuerda la Filosofía Budista.

A la primera manifestación de humanización de la vida puede referirse la poesía de Li-Tai-Po, de Ch'u Yuan (343-390), de T'ao-Yuanming, Hsieh Lingyün, Meng Haojan (689-740), de Hanshan y sobre todo de Wang-wei.

A la segunda manifestación poética, de sumersión en el propio espíritu pertenece Tu-Fu, Po Chuyi (772-846), Yuan Chen, Tu-Mu (803-852) y la poetisa Li Chingch'ao (1081-1141).

De aquí que haya un abismo entre la poesía de Li-Tai-Po que nos dice:

"Oh, si pudiera empuñar una espada celestial
Y matar una ballena a través de los mares".

Y el verso de Tu-Fu:

"Carnes y vinos se pudren en las mansiones,
Y en los campos se pudren huesos humanos".

Esta misma diferencia la encontramos en los dos poemas del primero y segundo cantos de Mahler. Es así como Li-Tai-Po nos dice:

"Ved allá. A la luz de la luna sobre las tumbas.
Una figura espectral se levanta. Es un mono.
Oíd como sus aullidos horadan el dulce perfume de la vida".

Y en cambio Tchang-Tsi nos dice, con una dulce subjetividad:

"Lloro mucho en mi soledad, pues el otoño
En mi corazón a quedado mucho tiempo".
"Oh sol del amor ¿Nunca brillaras sobre mí,
amablemente, para secar mis lagrimas amargas?".

Bien es cierto que como dice Lin-Yutang, al lado de estas dos clases de poesías, podríamos encontrar una tercera clase de poetas sentimentales como Li Ho (Li Ch'angchi, 790-816), dedicados a la poesía erótica.

La descripción musical tiene toda esa expresión de gran melancolía. Podríamos hasta decir que corresponde a la forma sinfónica del movimiento Lento Adagio y en momentos nos recuerda algunos Adagios de Beethoven en sus Sinfonías, y aún más, el Lento de la Sinfonía del Nuevo Mundo de Dvorak, tomado de los cantos tristemente bellos de las razas negras.

Hay un contraste enorme entre el primer tiempo o canto, que es frenético y hasta lleno de terror en la figura señalada por Li-Tai-Po y la dejadez y dulzura con que se presenta el Solitario en Otoño de Tchang-Tsi. Lleno no de ternura, sino de un dulce y enervante arrobamiento.

LA FILOSOFÍA Y POESÍA CHINAS

> De todos los que han partido ninguno ha vuelto. ¿Es este acaso el momento de la oración o de la súplica?
>
> Omar Al Khayyam.

Allá a lo lejos, en el pensamiento filosófico de China, se encuentra la concepción del Tao o Sentido, en la mente prodigiosa de Laot-Seu. El pide que se vaya por la vía recta, por el sendero en que la vida tiene un fin de acuerdo con el sentido del cosmos y de la humanidad. Desecha la sabiduría, tiende a arrojar fuera de sí el deber; y sólo anhela la intuición de aquello que no puede nombrarse, y, que sin embargo, se encuentra en lo más profundo de cada ser.

Li-Tai-Po juntamente como Li-Sao y Tu-Fu son los poetas que hacen renacer esta visión tan llena de contenido de la China tradicional. Tal vez, al transcurrir los siglos, se convierta en una doctrina puramente panteísta, olvidando el sentido místico que la hiciera nacer en la institución del Viejo Maestro; pero los conceptos de la inmortalidad, el destino y la falsedad de las convenciones siempre persistirán inalterados.

El Taoísmo no sólo ha conservado su carácter filosófico, sino que ha servido de sostén y de sugerencia a la mística y al arte en todas sus manifestaciones. Tchuang-Tse es el mejor representante en el campo filosófico de esta tendencia y los tres poetas mencionados, los máximos exponentes en el campo de la literatura. Pero en los anales del arte chino, allá en el campo de la pintura y la escultura, esta influencia ha hecho crear los más bellos lienzos de los templos, las más exquisitas estatuas de los santuarios y de las pagodas.

Esta filosofía hace amar a la naturaleza e intenta llevar al hombre por el sendero de la contemplación y de las vivencias sólo alcanzadas al contacto del Universo. No es el regreso a una naturaleza primitiva, como ciertos teóricos del Occidente lo han pretendido de manera tan burda, sino al contrario conseguir el deleite que sólo se tiene cuando se ha comprendido profundamente el sentido de la creación, se vive con la naturaleza despreocupadamente, pero a la vez se tienen las intuiciones más profundas; se han desechado todos los convencionalismos y las formas que atormentan y reducen la libre actividad espiritual.

Es por ello que el canto primero elaborado por Mahler e inspirado en la poesía de Li-Tai-Po lleva a esa misma tendencia. Se llama vehementemente a la canción y se invita a disfrutar de las excelencias de la vida, a embriagarse del vino del espíritu y a desechar el pesar que viene a los jardines del alma con el despojo de las cosas idas. Y es porque la vida y la muerte ya tienen su destino prefijado y siempre serán para nosotros, la obscuridad y el abismo. El cielo estará eternamente azul y la tierra verde en primavera, y en cambio el hombre vivirá apenas un instante y nunca podrá profundizar la esencia de su propia naturaleza, el nóumeno de las cosas. Y es por ello que esta filosofía invita a gozar lo dado pero siempre encontrando en el fondo del devenir un sentido que está más allá de las apariencias.

En la filosofía del Sufismo hay también este anhelo a una embriaguez espiritual a través de los dones que la tierra entrega. Esta doctrina que viene directamente de la filosofía de la India en su interpretación vedantina y que tuviera sus apóstoles allá en el siglo IX en Dhun-Nun, Sirri Sagvait, Junaid, All-Nallaj, Gazali, Jalal-ud-Din-Rumi y especialmente en los poetas más deliciosos de la Persia y de la India como Omar-al-Khayy Nizami; Farid-ud-Din Attar, Sadi, Shamsi, Hafiz, Anvari, Jami y Hatifi; consideran al universo como emanación de la esencia divina en un bello panteísmo, a la materia como una apariencia temporal y mudable y por el camino de la meditación y de la contemplación la adquisición del sumo bien. Llena de símbolos toma al vino como la mística enseñanza de la Divinidad, al racimo, de donde se extrae el vino, como símbolo del propio sufismo; el amado como Dios y el abrazo como el éxtasis de la consciente unión con la Divinidad. Apenas si en la filosofía occidental ha habido un hombre que tenga este poder de conciencia cósmica y él ha sido Spinoza, el filósofo embriagado de Dios, el que siempre que pensó en que por medio del amor intelectual podría llegarse a Dios.

La unidad es el coronamiento de la obra de la Divinidad y Rumi la ha cantado con singular belleza. Esta filosofía ilustra también el sentido del poema de Li-Tai-Po. Hay en él todo el encanto que encontramos sobre el mismo tema en el Libro de los Reyes de Firdusi y aún más, en la poesía de Minoutchehr que al igual que Omar-al-Khayyam siempre desentrañara la naturaleza última de las cosas.

"Si, como el fuego, el dolor echara humo, el mundo estaría eternamente en la noche". Esta frase pesimista de Roudaghi, el Homero de la Persia. "El narciso florece en el jardín, y ebrio de amor, abre sus pétalos de plata que rodean su corazón de oro", este verso de Minoutchehr, nos conduce a ese sentimiento místico que encontramos en el poeta de todos los tiempos Omar-al-Khayyam y que en los Rubaiyat nos dice:

"De todos los que han partido ninguno ha vuelto. ¿Es este acaso el momento de la oración o de la súplica? Id y arrojad polvo a la paz del cielo y uníos con la doncella de pálida cara y negros ojos".

"Porque sabemos que la bóveda celeste, bajo la cual vivimos, no es sino una linterna mágica, el sol es la llama, el universo la lámpara; nosotros pobres sombras que vienen y van".

"Todo lo que existe estaba ya marcado en la tabla de la creación. Infaliblemente y sin cuidado la pluma escribe sobre el bien y el mal; desde el primer día la pluma escribió lo que debía de suceder; ni nuestro dolor, ni nuestras angustias, podrán aumentar una letra, ni borrar una palabra".

"Tiene el rojo de las rosas, el vaso está lleno de agua de rosas... ¡quizás! En el estuche de cristal hay un rubí muy puro... ¡quizás! En el agua hay un diamante líquido... ¡quizás! El claro de la luna es el velo del sol... ¡quizás!".

Y esta filosofía sufista que con carácter místico tiene a la embriaguez del espíritu y aquélla filosofía del Tao que llama a la intuición para descubrir el sentido del universo, iluminaron la mente de Li-Tai-Po para escribir sus mejores versos.

Pero también debemos hacer notar que Mahler aprovecha en los siguientes cantos otro aspecto de la poesía, aquél que es bullicioso, lleno de optimismo y entonces describe los momentos de la Juventud y de la Belleza.

Sin embargo, el canto "El Solitario en Otoño", que corresponde a la poesía de Tchang-Tsi nos descubre un mundo nuevo, aquélla a que llama la filosofía de la naturaleza llamada de Sing-Li y que rememora la tesis de Confucio. Es una doctrina que está más cerca de la vida de los hombres y que influenciada por el budismo más tarde, lleva un dejo pesimista profundamente amargo.

No obstante que se descubre un paisaje de soberana belleza, sin embargo pronto se llega a un estado de depresión y de amarga serenidad.

En realidad, los poemas tomados por Mahler invitan a las más hondas meditaciones y al oír su música las recordamos con ese deleite que la poesía del Oriente siempre nos ha entregado, con esa finura espiritual que la filosofía ha encontrado a través de la intuición de la vida y del mundo que más satisfacen a una actitud profundamente espiritual.

TERCER CANTO.
De la Juventud

Scherzo
En medio de un estanque pequeño está un pabellón de porcelana.
Li-Tai-Po.

Mahler aprovecha nuevamente el canto de Li-Tai-Po y el espíritu de la Juventud y de la Belleza van a iluminar la conciencia con un nuevo amor a la naturaleza, en una vida floreciente y feliz.

El texto dice:

III. Von der Jugend

Mitten in dem kleinen Teiche
Steht ein Pavillon aus grünem
Und aus weißem Porzellan.

Wie der Rücken eines Tigers
Wölbt die Brücke sich aus Jade
Zu dem Pavillon hinüber.

In dem Häuschen sitzen Freunde,
Schön gekleidet, trinken, plaudern;
Manche schreiben Verse nieder.

Ihre seid'nen Ärmel gleiten
Rückwärts, ihre seid'nen Mützen
Hocken lustig tief im Nacken.

Auf des kleinen Teiches stiller
Wasserfläche zeigt sich alles
Wunderlich im Spiegelbilde:

Alles auf dem Kopfe stehend
Im dem Pavillon aus grünem
Und aus weißen Porzellan.

Wie ein Halbmond steht die Brücke,
Umgekehrt der Bogen. Freunde,
Schön gekleidet, trinken, plaudern.

III. DE LA JUVENTUD

Li-Tai-Po

En medio de un estanque pequeño está un pabellón de porcelana verde y blanca.
Como la espalda de un tigre el puente de jade arquease sobre el pabellón.
Es la casita, los amigos están sentados, vestidos bellísimamente, bebiendo, cantando, y algunos escribiendo versos.
Sus mangas de seda resbalan hacia atrás, sus capas cuelgan en los dorsos de sus espaldas.
Sobre el agua del estanque todo se muestra fantásticamente reflejado.
Todo está allí: el pabellón verde y blanco, de porcelana.
Como media luna se refleja el puente de cabeza. Los amigos, bellísimamente vestidos charlando.

Esta parte nos sugiere una verdadera pintura china. El reflejo de las aguas en el lago de la realidad es sugerente para un espíritu poético y filosófico. ¿Son las imágenes platónicas? ¿Son las formas supremas del Sufismo en que lo transitorio manifiéstase por medio de los sentidos? ¿Es el Tao de Laot-Seu que se pierde en las imágenes invertidas?

Y sin embargo, ¡qué belleza de expresión, qué imagen tan abierta y qué dulce ritmo se percibe en esta poesía!

Mahler sale del triste lamento del poema de Tchang-Tsi, en que el oboe, el clarinete, la viola, habían de tomar una participación preferente y ahora se iluminan en sus nuevos cantos en un ambiente de juego y retozo. Tal como correspondería a un scherzo en una obra sinfónica.

El pesimismo se ha alejado, todo es alegría y belleza. Sin embargo la orquesta rara vez llega a los tuti y la flauta y el oboe señalan, empleando la escala pentatónica, momentos de placer y serenidad.

Aquí es en donde Mahler más se ha internado o en el arte oriental. La alegría es serena y sonriente, no tiene el bullicio de la alegría occidental, es serenamente pura, diamantinamente fulgurante.

Dos golpes en el triángulo sirven como introducción, inmediatamente el cornetín hace una llamada y las flautas llevan a nuestro espíritu la delicia del tema del nuevo canto. El tenor combina su voz con las de los violines y allá a lo lejos aparece la trompeta y los oboes como simbolizando el reflejo que se describe en el estanque de la imagen viviente.

Aún más, Mahler trata de representar la inversión de las figuras en el estanque y simula una música inestable, llena de sugerencias, en que la inversiones temáticas se suceden para regresar por último a una música de mayor permanencia que no es otra cosa que el mundo de la dicha en que no se descubre el más mínimo propósito de intranquilidad y de zozobra.

Con delicia oímos este canto que no ha de durar mucho tiempo, pues el corazón de Mahler está atormentado y sólo reflejos de la dicha, como en el estanque, se encuentran por breves vivencias.

Y viene a nuestra mente el recuerdo de algunos haikais que tienen esa serenidad que sabe ahondar el sentido y llega a lo más profundo de nuestro corazón:

"Quizá la primavera ha llegado
A una montaña humilde que ni nombre tiene:
La neblina se esfuma".

Basho.

"Arboleda de invierno.
¡Noche en que la luna
Hasta la médula penetra!".

Buson.

"Serenidad: río de primavera,
después de la lluvia".

Shoryo.

"Sale la neblina del pinar para entrar
en una nube de flores".

Basha.

"Excepto la montaña obscura, todo está
mojado de estrellas.

Issekiro.

"Al llegar la barca a la orilla
Se asomó una estrella solitaria
Entre las ramas de un sauce".

Shiki.

CUARTO CANTO.
DE LA BELLEZA

Jóvenes doncellas recogen flores de loto.

Li-Tai-Po.

Li-Tai-Po nos dice:

IV. Von der Schönheit

Junge Mädchen pflücken Blumen,
Pflücken Lotosblumen an dem Uferrande.
Zwischen Büschen und Blättern sitzen sie,
Sammeln Blüten in den Schoß und rufen
Sich einander Neckereien zu.
Goldne Sonne webt um die Gestalten,
Spiegelt sie im blanken Wasser wider.
Sonne spiegelt ihre schlanken Glieder,
Ihre süßen Augen wider.
Und der Zephir hebt mit Schmeichelkosen

Das Gewebe ihrer Ärmel auf,
führt den Zauber
Ihrer Wohlgerüche durch die Luft.
O sieh, was tummeln
sich für schöne Knaben

Dort an dem Uferrand auf mut'gen Rossen?
Weithin glänzend wie die Sonnenstrahlen
Schon zwischen dem Geäst
der grünen Weiden

Trabt das jungfrische Volk einher!
Das Roß des einen wiehert fröhlich auf
Und scheut und saust dahin,
Über Blumen, Gräser wanken hin die Hufe,
Sie zerstampfen jäh im Sturm
die hingesunk'nen Blüten,

Hei! Wie flattern im Taumel seine Mähnen,
Dampfen heiß die Nüstern!
Goldne Sonne webt um die Gestalten,
Spiegelt sie im blanken Wasser wider.
Und die schönste von den Jungfrau'n sendet

Lange Blicke ihm der Sehnsucht nach.
Ihre stolze Haltung ist nur Verstellung:
In dem Funkeln ihrer großen Augen,
In dem Dunkel ihres heißen Blicks
Schwingt klagend noch die Erregung
ihres Herzens nach.

IV. DE LA BELLEZA
Li-Tai-Po

"Jóvenes doncellas recogen flores, flores de loto en la orilla del río".

"Se sientan entre los arbustos y las hojas, y colectan las flores en sus regazos.

Llámanse unas a otras.

El sol de oro juega alrededor de sus figuras y las refleja en el agua brillante.

El sol ilumina sus miembros y da sombra a sus ojos y la brisa descuidadamente vuela sus mangas y lleva lo mágico de su fragancia por el aire.

¡Oh ved! Jóvenes están paseando a caballo por la otra orilla del río.

Lejos, brillando como rayos de sol, los jóvenes cabalgan entre las ramas de los verdes sauces.

Los caballos gozan en su galope sobre las flores y hierbas y sus cascos parecen volar

Ved como las crines de los caballos ondean con frenesí y como sus narices echan vaho.

El sol de oro juega a su alrededor y refleja también sus figuras en el lago brillante.

La más amorosa de las doncellas los sigue con largas miradas de deseo.

Su aire orgulloso es sólo pretensión.

En el brillo de sus ojos y en la obscuridad de sus ojeras, de descubre un corazón suplicante".

Es la voz de la contralto clamada y tranquila describe el paisaje. Una bellísima melodía llena de quietud y a la vez de tranquilidad señala este gozoso momento.

Sin embargo la música aumenta en intensidad y aún en velocidad, y por último la orquesta reproduce en un prepotente tumulto la imagen de los jóvenes lleno de vida y a la vez de frenesí.

Pero no bien la música ha llegado a este clímax vésele describir y decrecer muriendo a lo lejos como señalando la pasión contenida de aquella joven que, aparentemente despreocupada anhela el amor y recoge tranquilamente los pétalos de la rosa que sus manos deshoja.

QUINTO CANTO. EL TOPO EN LA PRIMAVERA

Rondo.
Si la vida es un sueño…

Li-Tai-Po

Pero inmediatamente viene una racha de dolor y de pesimismo. Es una nueva poesía de Li-Tai-Po la que inicia este momento en el Canto a la Tierra de Mahler. Se llama el Topo en la Primavera y el poema se refiere a un deseo de olvidar las miserias de la vida y la proximidad de la muerte, internándose en un olvido beatífico.

"Si la vida es un sueño, ¿por qué entonces hay trabajo y pesar?"

Este pensamiento son hace recordar inmediatamente otros que oyéramos en Japón y que pertenece a Issa y dice:

"No ignoro que en este mundo,
Es tan sutil como el rocío de la vida.
¡Sin embargo! ¡Oh, sin embargo!

El texto de Li-Tai-Po, con visión filosófica y profunda pero embriagado del pensamiento budista exclama:

V. Der Trunkene in Frühling

Wenn nur ein Traum das Leben ist,
Warum denn Müh und Plag?
Ich trinke, bis ich nicht mehr kann,
Den ganzen lieben Tag!

Und wenn ich nicht mehr trinken kann,
Weil Kehl' und Seele voll,
So tauml' ich bis zu meiner Tür
Und schlafe wundervoll!

Was hör ich beim Erwachen? Horch!
Ein Vogel singt im Baum.
Ich frag ihn, ob schon Frühling sei,
Mir ist als wie im Traum.

Der Vogel zwitschert: Ja!
Der Lenz ist da, sei kommen über Nacht!
Aus tiefstem Schauen lauscht ich auf,
Der Vogel singt und lacht!

Ich fülle mir den Becher neu
Und leer ihn bis zum Grund
Und singe, bis der Mond erglänzt
Am schwarzen Firmament!

Und wenn ich nicht mehr singen kann,
So schlaf ich wieder ein,
Was geht mich denn der Frühling an?
Laßt mich betrunken sein!

EL TOPO EN LA PRIMAVERA
Li-Tai-Po

"Si la vida es un sueño, ¿por qué entonces hay trabajo y pesares?
Bebo hasta no poder más durante todo el día.
Y cuando no puedo beber más, cuando mi cuerpo y mi alma están llenos,
Dormiré maravillosamente en mi puerta.
¿Qué oigo al despertar? El canto de un pájaro.
Canta en el árbol.
Le pregunto si la primavera ha llegado, pues todo es un sueño para mí.
El pájaro gorjea y me dice que sí. La primavera está aquí.
Vino desde anoche.
Con el más hondo asombro escucho: El pájaro canta y gorjea.
Lleno la taza otra vez y la bebo hasta el fin.
Oigo el canto hasta que la luna brilla en el cielo negro.
Y cuando no oigo más, entonces caigo dormido otra vez.
¿Qué es la primavera para mí?... Oh, dejad que me embriague".

Con estas palabras Mahler trata de olvidar las miserias de la vida. Bien sabemos que ésta fue cruel para el artista. En este canto que suspira más por las canciones germánicas que por los modos orientales, hay un abandono y un desprecio desbordantes. El tenor, con su voz llena de bullicio y alegría dice el poema de Li-Tai-Po, pero aún se deja entrever el spleen característico de los poetas del Oriente.

Li-Tai-Po ha seguido de cerca la enseñanza de Laot-Seu que en parte tiene el anhelo al estado natural primitivo para poder intuir al Ser puro y supremo. Es ciertamente una especie de nihilismo desesperado, una inclinación al anarquismo, una dejadez hedonista y un deseo ilimitado de vivir con la máxima despreocupación. Ya Liet-tse y Tchouang-tse han extendido esta doctrina del Viejo Maestro a través de los libros más preciosos que se conocen.

El Tch'ounghiu tchen King de Liet-tse o Lie-yu-k'eou allá por el año de 440 Antes de Cristo, nos da idea de cómo la unidad fenomenal del mundo se encuentra en el hombre, y cómo ésta es la que estructura nuestra propia visión. Así también Tchuang-tse por la segunda mitad del siglo IV A. C., hace lo propio, en una forma más clásica y pulida. Su obra llamada Nan houa tchen king, está dividida en tres secciones y en ella nos presenta los conocimientos esotéricos y exotéricos del Tao, señalando en sus frases un edificio verdaderamente artístico y soberanamente profundo. Alguien ha comparado a este último filósofo con nuestro Platón y aún con Kiekegaard, porque en su poesía se encuentran las flores más deliciosas y la intuición del artista se aduna a la actitud mística del religioso.

Después de estos dos grandes intérpretes del Taoísmo, las enseñanzas de Soung-hing, Peng-meng, T'ien-ping y Chen-tao y sobre todo de Hiu-hing y Yang-tchou han de parecernos nubladas y en segundo término.

No cabe duda que bajo la dinastía Han, el Taoísmo tuvo una importancia fundamental desde el punto de vista espiritual. Si bien es cierto que la práctica del Confucionismo fue aceptada por la política y la administración, por su carácter pragmático, sin embargo la obra de Laot-Seu estuvo más internamente en la conciencia de los sabios, de los filósofos y de los artistas.

El periodo de los Han ha sido el más importante de la historia de China, más tarde se presentan 400 años de obscuridad siniestra.

La familia Tang que se consideraba descendiente de Laot-Seu, otorgó una atmósfera de libertad y el arte chino tuvo su floración en la más profunda espiritualidad. Wang-Wei que como poeta y pintor sobresalió, Wou-tao-tse que en la pintura expresó todos los sentimientos de la belleza y los poetas Tu-Fu y Li-Tai-Po que a través del verso llevan el desborde de la imaginación y la exquisita ansia por la naturaleza; tienen en el fondo de sus obras no sólo la visión cósmica del Tao, sino aún la amarga del Buda.

Es notable ver como en la obra de Li-Tai-Po se encuentra ese sentido de que hablara Laot-Seu refiriéndose a lo eterno, que sólo se entrega en la intuición y jamás en el concepto; pero a la vez se deja sentir una tristeza significativa y propia de la influencia budista. Hay la contemplación a la naturaleza, pero también el dolor por la vida. Hay el arrebato por lo que no tiene nombre y nunca se desborda, pero a la vez el sentimiento de alejarse de las sombras y de la vida que es pasajera, para llegar al reino de las esencias y del Nirvana.

Inmediatamente después va a aparecer la poesía de dos grandes artistas en la inspiración de Mahler. Ellos son: Wang-Wei que juntamente con Li-Tai-Po sigue de cerca al Taoísmo y Mong-Kao-Yen que continúa la tradición confuciana de la China.

SEXTO CANTO.
LA DESPEDIDA

Lento.
Las flores palidecen en el crepúsculo.
Mong-Kao-Yen.

¿Debo irme? Sí. Busca descanso mi alma solitaria.
Wang-Wei.

Se ha terminado la profunda despreocupación que nos ha traído la canción El Topo en Primavera. En ella no existe ciertamente la apariencia oriental, sino que se ilustra por el sentido Lied alemán y especialmente por aquélla melodía tan dulce y tan llena de contenido de Loeve. El final de esa canción sugiere la embriaguez y el olvido de las cosa de este mundo. El tenor ha elaborado con su bullicio y alegría, en determinados instantes, pero también con sus últimas frases melancólicas, una introducción a la última canción: La Despedida. Esta es la más interesante de la obra. Tiene todos los matices de la tristeza, de la resignación y del anhelo, es esa frase que se encuentra en el Tratado de la Desesperación de Kiekegaard, esa angustia de que habla Heidegger al referirse al principio de todo lo existente en el encuentro de la propia existencia. En un instante se mencionan a las flores que palidecen en el crepúsculo, en otro al deseo por el amor, más tarde a la obscuridad profunda; casi al final a la despedida del amigo en que tristemente se le dice que la fortuna no fue bondadosa con el artista, y por último a la Despedida de la Tierra en que se cae, en repetidas ocasiones, en la llamada de lo eterno.

Las poesías que ilustran esta bella canción corresponden a Wang-Wei, que sigue los mismos pasos de Li-Tai-Po, pero también se encuentra el poema de Mong-Kao-Yen que alejas en la concepción del mundo y de la vida de Laot-Seu pues sigue de cerca a las enseñanzas de Confucio.

Para comprender el sentido de esta última canción es necesario que digamos algo a cerca de los sucesores de esa obra magnífica que se encuentra al paralelo del Tao-Te-King.

Los sucesores más notables de K'ung-Tsé no cabe duda que fueron Mong-tse y Siun-tse.

Al primero, a quien malamente se le ha llamado Mencius, tratando de latinizar su nombre ha elaborado estudios inmensos y ambos han comprendido el fundamento metafísico de la doctrina, su aproximación inconsciente y voluntaria al pragmatismo y al empirismo de Mei Ti, su amor por el prójimo, su heteronomía que reemplaza a la autonomía como un fin moral último, su rígido dogmatismo y sentido marcado de utilidad.

Mong-Tse hacia 772 años A. de C., escribe sus obras que llevan esta profundidad filosófica, la belleza y la verdad, deben siempre adunarse para poder sobrevivir a los tiempos y satisfacer la sed espiritual de los hombres. Mahler aprovecha parte de esta poesía y también la de Wang-Wei, ambas se ajustan al sentimiento de despedida y tienen ese sabor de paisaje y esa clarividencia del destino y de la eternidad.

Su texto es el siguiente:

VI. Der Abschied

Die Sonne scheidet hinter dem Gebirge.
In alle Täler steigt der Abend nieder
Mit seinen Schatten, die voll Kühlung sind.
O sieh! Wie eine Silberbarke schwebt
Der Mond am blauen Himmelssee herauf.
Ich spüre eines feinen Windes Wehn
Hinter den dunklen Fichten!
Der Bach singt voller Wohllaut
durch das Dunkel.
Die Blumen blassen im Dämmerschein.
Die Erde atmet voll von Ruh und Schlaf.
Alle Sehnsucht will nun träumen,
Die müde Menschen gehn heimwärts,
Um im Schlaf vergess'nes Glück
Und Jugend neu zu lernen!

Die Vögel hocken still in ihren Zweigen.
Die Welt schläft ein
Es wehet kühl im Schatten meiner Fichten.
Ich stehe hier und harre meines Freundes;
Ich harre sein zum letzten Lebewohl.
Ich sehne mich, o Freund, an deiner Seite
Die Schönheit dieses Abends zu genießen.
Wo bleibst du?
Du läßt mich lang allein!
Ich wandle auf und nieder mit meiner Laute
Auf Wegen,
die von weichem Grase schwellen.
O Schönheit!
O ewigen Liebens, Lebens trunk'ne Welt!
Er stieg vom Pferd und reichte ihm
Den Trunk des Abschieds dar.
Es fragte ihn, wohin er führe
Und auch warum es müßte sein.
Er sprach, seine Stimme war umflort:
Du, mein Freund,
Mir war auf dieser Welt
das Glück nicht hold!
Wohin ich geh'?
Ich geh', ich wandre in die Berge.
Ich suche Ruhe für mein einsam Herz.
Ich wandle nach der Heimat, meiner Stätte!
Ich werde niemals in die Ferne schweifen.
Still ist mein Herz und harret seiner Stunde!
Die liebe Erde allüberall
Blüht auf im Lenz und grünt aufs neu!
Allüberall und ewig blauen
licht die Fernen!
Ewig… ewig…

VI. L A DESPEDIDA

Mong-Kao-Yen, y Wang- Wei.

"El sol se esconde tras las montañas.
La noche con sus húmedas sombras desciende sobre los valles.
Oh mirad, como una barca de plata la luna flota en el agua azul del cielo.
Siento el respiro de un viento suave tras los obscuros abetos.
El arrollo canta dulces melodías en la obscuridad.
Las flores palidecen en el crepúsculo.
El mundo respira descanso y sueño.

"Todos los deseos dormirán ahora y los mortales fatigados volverán a casa.
Para aprender de nuevo en el sueño el goce de la libertad y de la felicidad.
Los pájaros aún están en las ramas.
El mundo duerme.
Una brisa húmeda se respira en las sombras de los abetos"

"Yo estoy aquí y espero a un amigo: lo espero para la última despedida.
Deseo, oh amigo, estar a tu lado para saborear la belleza de esta tarde.
¿Dónde estás tú? Me has dejado solo. Yo deliro con mi laúd.
En sendas tapizadas de fina hierba.
¡Oh belleza! ¡Oh amor eterno! ¡Oh eterna vida! ¡Oh mundo embriagador!"

"Él baja de su caballo y toma conmigo la copa despedida.
Me dice que se alejará porque así está escrito.
Él habló y su voz estaba velada.
Me dijo: tú, mi amigo, la fortuna no fue bondadosa para contigo en este mundo.
Y yo le pregunté ¿debo irme? Sí, yo iré más allá de las montañas.
Busco descanso para mi alma solitaria.
Quizás volveré a casa, mi hogar y nunca más vagaré lejos.
Mi corazón aún está vibrando y espera su hora.
La tierra querida despierta cuando es primavera y florece de nuevo.
Donde quiera y eternamente brilla el sol.
Eternamente… Eternamente…"

He aquí uno de los movimientos lentos que mayor tristeza llevan al espíritu. Así también termina la Sinfonía Patética de ese otro poeta de la música que sufriera insondables dolores y que expresara la anonadación de su dicha en el desamparo del dolor y del sacrificio: Tchaikowsky. Ambos terminan sus mejores obras lentamente, como anegados en lo profundo de la preocupación y de la angustia. Se alejan considerablemente de Beethoven que en el último momento de la Novena Sinfonía entonara un canto de victoria a la felicidad y descubriera un sendero de placer espiritual que jamás halló en el mundo. Mahler y Tchaikowsky llevan al final de sus sinfonías, la despedida con el dolor del mundo; pero el músico austriaco aspira a la eternidad y el ruso a la negación absoluta.

"Las flores palidecen en el crepúsculo; el mundo respira descanso y sueño".

La voz de la contralto entona estas frases con singular tristeza. El clarinete es acompañado del arpa y la orquesta gime con exaltación y arrobamiento.

Después viene un clímax emocional en que solo la orquesta preséntase como motivando la idea de un sueño en el que se ve a la belleza, al amor eterno, a la vida eterna.

En el segundo recitativo la contralto siguiendo una melodía magnífica que es entonada por los primeros violines, representa el deseo por el amor, aquél anhelo que siempre y en todo instante anima a los hombres, aún al bajar a la profundidad de la tumba.

Entonces Mahler aprovecha para hablar su propio idioma: la música. La orquesta queda sola, conduciéndonos a los abismos más insondables, a las regiones lúgubres y fantásticas. Aquí el cornetín inglés, el más melancólico de los instrumentos, nos representa en la vida de la emoción, la obscuridad profunda y el oído distingue el sentimiento de pesadumbre que va alejándose pero llevando también a nuestra alma consigo propio.

Aparece el tercer recitativo de la soprano acompañada de arpa. En este momento la poesía excalama: "Du mein Freund, mir war auf dieser Welt das Gluck nicht hold", "Tú mi amigo, ve como la fortuna no fue bondadosa para consigo en este mundo". Y esto indudablemente es dicho con intensidad casi delirante, es la última frase de Mahler en la exclamación del dolor como poeta solitario, artista incomprendido, hombre que supo vivir todas las emociones y todas las exquisiteces sentimentales del espíritu.

Al terminar esta parte viene el momento de resignación. Suena el oboe lánguidamente como queriendo encontrar el aislamiento más absoluto.

La última despedida de la tierra es cuando se levanta un nuevo canto de esperanza: "Still ist mein Herz und harret seiner Stunge!", "Mi corazón está latiendo y espera su hora"; pero nuevamente clama este último anhelo y repitiendo la palabra "ewig", "Eternamente", va muriendo todo el espectáculo y sólo queda en la conciencia el perfume deleitoso de las poesías de Li-Tai-Po, Tchang-Tsi, Wang-Wei y Mong-Kao-Yen, pues el anhelo ha traspasado la realidad y nos ha internado, posiblemente, en el sentido del universo.

CADENCIA

Al terminar el canto a la Tierra de Mahler recordamos el verso de Rabindranath Tagore que tiene el mismo espíritu y que en el Canto LXI del Gitanjali exclama:

> Sé que al morir un día melancólico
> el sol me habrá de dar su despedida;
> Bajo las verdes frondas los pastores
> sus flautas llenarán de melodías
> y pastará el ganado ante sus ojos,
> extendiéndose lento en la campiña,
> mientras entran al reino de las sombras,
> resignados y lóbregos, mis días…
>
> Más te ruego Señor: deja que sepa
> antes de que acontezca mi partida;
> ¿Por qué la tierra me llamó a sus brazos?
> ¿Por qué el silencio de sus noches límpidas,
> me habló de las estrellas rutilantes
> y de las extensiones infinitas?
> ¿Por qué mis pensamientos florecieron
> bajo los besos de la luz del día?…

Pero Tagore, renace a ese dolor diciendo:

> Para que lleguen hasta Ti mis sones
> mi postrera canción deja que escriba;
> para que pueda contemplar tu rostro
> deja que esté mi lámpara encendida;
> para que pueda coronar tus sienes,
> deja que tenga mi guirnalda lista!

Y en cambio Mahler se queda en un suspiro a la eternidad, en la sombra e identificado con el sentido de un ritmo trascendente que no sabemos si lo llevará a su punto de partida, o ciertamente se perderá en la eternidad.

BIOGRAFÍA DEL DR. ADALBERTO GARCÍA DE MENDOZA

El Dr. Adalberto García de Mendoza, reconocido como "El Padre del Neokantismo Mexicano". Fue profesor erudito de filosofía y Música en la Universidad Nacional Autónoma de México por más de treinta y cinco años. Escribió aproximadamente setenta y cinco obras de filosofía (existencialismo, lógica, fenomenología, epistemología) y música. También escribió obras de teatro, obras literarias e innumerables ensayos, artículos y conferencias.

Nació en Pachuca, Hidalgo el 27 de marzo de 1900. En 1918 recibe una beca del Gobierno Mexicano para estudiar en Leipzig, Alemania donde toma cursos lectivos de piano y composición triunfando en un concurso internacional de improvisación.

Regresó a México en el año 1926 después de haber vivido en Alemania siete años donde siguió cursos con Rickert Windelband, Cassires, Natorp, Husserl, Scheler, Hartmann y Heidegger, de modo que su formación filosófica se hizo en contacto con la fenomenología, el neokantismo, el existencialismo y la axiología, doctrinas que por entonces no eran conocidas en México.

Al año siguiente de su llegada en 1927, inició un curso de lógica en la Escuela Nacional Preparatoria y otros de metafísica, epistemología analítica y fenomenología en la Facultad de Filosofía y Letras. En estos cursos se introdujeron en la Universidad Nacional Autónoma de México las nuevas direcciones de la filosofía alemana, siendo el primero en enseñar en México el neokantismo de Baden y Marburgo, la fenomenología de Husserl y el existencialismo de Heidegger.

En 1929 recibió el título de Maestro en Filosofía y más tarde en 1936 obtuvo el título de Doctor en Filosofía. También terminó su carrera de ingeniero y mas tarde terminó su carrera de Licenciado en Derecho en la Universidad Nacional Autónoma de México. Ingresó al Conservatorio Nacional de Música de México donde rivalizó sus estudios hechos en Alemania y recibe en 1940 el título de Maestro de Música Pianista.

En 1929 el Dr. García de Mendoza hizo una gira cultural al Japón, representando a la Universidad Nacional Autónoma de México. Dio una serie de conferencias en la Universidad Imperial de Tokio y las Universidades de Kioto, Osaka, Nagoya, Yamada, Nikko, Nara Meiji y Keio. En 1933 la Universidad de Nuevo León lo invita para impartir 30 conferencias sobre fenomenología.

De 1938 a 1943 fue Director del Conservatorio Nacional de Música en México. Aquí mismo impartió clases de Estética Musical y Pedagogía Musicales.

En 1940 la Kokusai Bunka Shinkokai, en conmemoración a la Vigésima Sexta Centuria del Imperio Nipón, convocó un concurso Internacional de Filosofía, donde el Dr. García de Mendoza obtuvo el primer premio internacional con su libro "Visiones de Oriente." Es una obra inspirada en conceptos filosóficos Orientales. Recibió dicho premio personalmente en Japón en el año de 1954 por el Príncipe Takamatzu, hermano del Emperador del Japón.

Desde 1946 hasta 1963 fue catedrático de la Escuela Nacional Preparatoria (No 1, 2 y 6) dando clases de filosofía, lógica y cultura musical. También desde 1950 hasta 1963 fue catedrático en la Facultad de Filosofía y Letras y la Facultad de Ciencias Políticas de la UNAM dando clases de metafísica, didáctica de la filosofía, metafísica y epistemología analítica. También dio las clases de filosofía de la música y filosofía de la religión, siendo el fundador e iniciador de estas clases.

Desde 1945 a 1953 fue comentarista musicólogo por la Radio KELA en su programa "Horizontes Musicales." En estos mismos años dio una serie de conferencias sobre temas filosóficos y culturales intituladas: "Por el Mundo de la Filosofía." y "Por el Mundo de la Cultura" en la Radio Universidad, Radio Gobernación y la XELA.

Desde 1948 a 1963 fue inspector de los programas de matemáticas en las secundarias particulares incorporadas a la Secretaría de Educación Pública. En estos mismos años también fue inspector de los programas de cultura musical, filosofía, lógica, ética y filología en las preparatorias particulares incorporadas a la Universidad Nacional Autónoma de México.

Además fue Presidente de la Sección de Filosofía y Matemáticas del Ateneo de Ciencias y Artes de México. Fue miembro del Colegio de Doctores de la UNAM; de la Comisión Nacional de Cooperación Intelectual Mexicana; de la Asociación de Artistas y Escritores Latinoamericanos; del Ateneo Musical Mexicano; de la Tribuna de México; del Consejo Técnico de la Escuela Nacional Preparatoria de la UNAM y de la Liga de Escritores y Artistas Revolucionarios (LEAR).

Fue un ágil traductor del alemán, inglés y francés. Conocía además el latín y el griego. Hizo varias traducciones filosóficas del inglés, francés y alemán al español.

En 1962 recibió un diploma otorgado por la UNAM al cumplir 35 años como catedrático.

Falleció el 27 de septiembre de 1963 en la Ciudad de México.

Obras Publicadas

Tratado de Lógica: Significaciones (Primera Parte)
Obra que sirvió de texto en la UNAM donde se introdujo el Neokantismo, la Fenomenología, y el Existencialismo. 1932.
Edición agotada.

Tratado de Lógica: Esencias-Juicio-Concepto (Segunda Parte)
Texto en la UNAM. 1932.
Edición agotada.

Anales del Conservatorio Nacional de Música (Volumen 1)
Clases y programas del Conservatorio Nacional de Música de México. 1941.
Edición agotada.

Libros a la Venta

Filosofía Moderna Husserl, Scheller, Heideger
Conferencias en la Universidad Autónoma de Nuevo Leon.
Se expone la filosofía alemana contemporánea a través de estos tres fenomenólogos alemanes. 1933.
Editorial Jitanjáfora 2004.
redutac@hotmail.com

Visiones de Oriente
Obra inspirada en conceptos filosóficos Orientales. En 1930 este libro recibe el Primer Premio Internacional de Filosofía.
Editorial Jitanjáfora 2007.
redutac@hotmail.com

Conferencias de Japón
Confencias sustentadas en la Universidad Imperial de Tokio
y diferentes Universidades de México y Japón. 1931-1934.
Editorial Jitanjáforea 2009.
redutac@hotmail.com

El Sentido Humanista en la Obra de Juan Sebastian Bach
Reflexiones Filosoficas sobre la vida y la obra
de Juan Sebastian Bach. 1938.
Editorial García de Mendoza 2008.
www.adalbertogarciademendoza.com

Juan Sebastian Bach
Un Ejemplo de Virtud
Escrito en el segundo centenario de la muerte de Juan Sebastian Bach
inpirado en "La pequeña cronica de Ana Magdalena Bach." 1950.
Editorial García de Mendoza 2008.
www.adalbertogarciademendoza.com

El Excolegio Noviciado de Tepotzotlán
Actual Museo Nacional del Virreinato
Disertación filosófica sobre las capillas, retablos
y cuadros del templo de San Francisco Javier en 1936.
Editorial García de Mendoza 2010.
www.adalbertogarciademendoza.com

Las Siete Ultimas Palabras de Jesús
Comentarios a la Obra de Josef Haydn
Disertación filosófica sobre la musíca, la pintura,
la literatura y la escúltura. 1945.
Editorial García de Mendoza 2011.
www.adalbertogarciademendoza.com

La Teoría de la Relatividad de Einstein
Einstein unifica en una sola formula todas las fuerzas de la Física.
Y afirma que el mundo necesita la paz y con ella se conseguirá la prósperida de la cultura y de su bienestar. 1936.
Editorial Palibrio 2012.
Ventas@palibrio.com

La Filosofía Judaica de Maimónides
Bosquejo de la ética de Maimónides sobre el problema de la libertad humana y la afirmación del humanismo, las dos más fuertes argumentaciones sobre la existencia. 1938.
Editorial Palibrio 2012.
Ventas@palibrio.com

Johann Wolfgang Von Goethe
Obra escrita en el Segundo centenario del nacimiento de Johann Wolfgang Goethe, genio múltiple que supo llegar a las profundidades de la Filosofía, de la Poesía y de las Ciencia. 1949.
Editorial Palibrio 2012.
Ventas@Palibrio.com

Las Siete Ultimas Palabras de Jesús
Comentarios a la Obra de Josef Haydn. Segunda Edición
Disertación filosófica sobre la música, la pintura, la literatura y la escúltura. 1945.
Editorial Palibrio 2012.
Ventas@Palibrio.com

Booz o La Liberación de la Humanidad
Novela filosófica inspirada en "La Divina Comedia" de Dante. 1947.
Editorial Palibrio 2012.
Ventas@Palibrio.com

Rainer Maria Rilke El Poeta de la Vida Monástica
Semblanza e interpretación de la primera parte del "Libro de las Horas"
"Das Buch von Mönchischen Leben" de Rilke
llamado "Libro de la Vida Monástica." 1951.
Editorial Palibrio 2012.
Ventas @Palibrio.com

Horizontels Musicales
Comentarios sobre las más bellas obras musicales. Dichos comentarios fueron transmitidos por la Radio Difusora Metropolitana XELA de la Ciudad de México entre los años 1945 y 1953 en su programa "Horizontes Musicales" 1943
Editorial Palibrio 2012
Ventas@Palibrio.com

Juan Sebastian Bach
Un Ejemplo de Virtud. 3ra Edición.
Incluye El Sentido Humanista en la Obra de Juan Sebastian Bach. 1950.
Editorial Palibrio 2012.
Ventas@Palibrio.com

Acuarelas Musicales
Incluye: El Anillo del Nibelungo de Ricardo Wagner. 1938.
Editorial Palibrio 2012.
Ventas@Palibrio.com

La Dirección Racionalista Ontológica en la Epistemología
Tesis profesional para el Doctorado en Filosofía presentada en el año 1928. Facultad de Filosofía y Letras de la Universidad Nacional Autónoma de México. Presenta las tres clases de conocimientos en cada época cultural. El empírico, que corresponde al saber del dominio, el especulativo que tiene por base el pensamiento, y el intuitivo ,que sirve para dar bases sólidas de verdades absolutas a todos los campos del saber. 1928.
Editorial Palibrio 2012.
Ventas@Palibrio.com

El Existencialismo

En kierkegaard, Dilthey, Heidegger y Sartre.
Programa: "Por el mundo de la cultura." Una nueva concepcion de la vida.
Serie de pláticas transmitidas por la Estación Radio México
sobre el Existencialismo. 1948.
Editorial Palibrio 2012.
Ventas@Palibrio.com

Fundamentos Filosóficos de la Lógica Dialéctica

Toda verdadera filosofía debe ser realizable en la existencia humana. Filosofía de la Vida. En estas palabras está el anhelo más profundo de renovación de nuestra manera de pensar, intuir y vivir. 1937.
Editorial Palibrio 2012.
Ventas@Palibrio.com

Ekanizhta

La humanidad debe realizarse a través de la existencia. Existencia que intuye los maravillosos campos de la vida y las perennes lejanías del espíritu. Existencia llena de angustia ante la vida, pletórica de preocupación ante el mundo... Existencia radiante de belleza en la creación de lo viviente y en la floración de lo eterno. 1936.
Editorial Palibrio 2012.
Ventas@Palibrio.com

Conciertos. Orquesta sinfónica de la Universidad nacional autónoma de México

Henos aquí nuevamente invitados a un Simposio de belleza en donde hemos de deleitarnos con el arte profundamente humano de Beethoven, trágico de Wagner, simbólico de Stravinsky, lleno de colorido de Rimsky-Korsakoff, sugerente de Ravel y demás modernistas. 1949.
Editorial Palibrio 2012.
Ventas@Palibrio.com

Nuevos principios de lógica y epistemología
Nuevos aspectos de la filosofía

Conferencias sustentadas en la Universidad Imperial de Tokio y diferentes Universidades de Japón y México presentadas entre los años 1931 y 1934, donde se exponen los conceptos filosóficos del existencialismo, el neokantismo, la fenomenología y la axiología, filosofía alemana desconocida en México en aquella época.
Editorial Palibrio 2013
Ventas@Palibrio.com

Estética Libro I

La Dialéctica en el campo de la Estética Trilogías y Antitéticos

Esta obra tiene como propósito ilustrar el criterio del gusto, no solo para las obras llamadas clásicas, sino fundamentalmente para comprender los nuevos intentos del arte a través de la pintura y la música, así como también la literatura, la escultura y la arquitectura que imponen la necesidad de reflexionar sobre su aparente obscuridad o snobismo.
Editorial Palibrio 2013
Ventas@Palibrio.com

El Oratorio, La Misa y El Poema Místico

La Música en el Tiempo

Pláticas sobre los ideales de la Edad Media con el Canto Gregoriano, el Renacimiento con el Mesías de Häendel, el Réquiem de Mozart, la Creación del Mundo de Haydn, el Parsifal de Wagner y la Canción de la tierra de Mahler.
Editorial Palibrio 2013
Ventas@Palibrio.com